本书由
中央高校建设世界一流大学（学科）
和特色发展引导专项资金
资助

中南财经政法大学“双一流”建设文库

中｜国｜经｜济｜发｜展｜系｜列｜

商业模式设计与价值管理研究

刘 圻 著

中国财经出版传媒集团

经济科学出版社

Economic Science Press

图书在版编目（CIP）数据

商业模式设计与价值管理研究/刘圻著．—北京：经济科学出版社，2019.12
（中南财经政法大学“双一流”建设文库）
ISBN 978－7－5218－1166－7

Ⅰ．①商… Ⅱ．①刘… Ⅲ．①企业管理－商业模式－研究②企业管理－案例 Ⅳ．①F272

中国版本图书馆CIP数据核字（2019）第291182号

责任编辑：孙丽丽 纪小小
责任校对：郑淑艳
版式设计：陈宇琰
责任印制：李 鹏

商业模式设计与价值管理研究
刘 圻 著
经济科学出版社出版、发行 新华书店经销
社址：北京市海淀区阜成路甲28号 邮编：100142
总编部电话：010－88191217 发行部电话：010－88191522
网址：www.esp.com.cn
电子邮箱：esp@esp.com.cn
天猫网店：经济科学出版社旗舰店
网址：http://jjkxcbs.tmall.com
北京季蜂印刷有限公司印装
787×1092 16开 12.5印张 200000字
2019年12月第1版 2019年12月第1次印刷
ISBN 978－7－5218－1166－7 定价：50.00元
（图书出现印装问题，本社负责调换。电话：010－88191510）

总　序

“中南财经政法大学‘双一流’建设文库”是中南财经政法大学组织出版的系列学术丛书，是学校“双一流”建设的特色项目和重要学术成果的展现。

中南财经政法大学源起于1948年以邓小平为第一书记的中共中央中原局在挺进中原、解放全中国的革命烽烟中创建的中原大学。1953年，以中原大学财经学院、政法学院为基础，荟萃中南地区多所高等院校的财经、政法系科与学术精英，成立中南财经学院和中南政法学院。之后学校历经湖北大学、湖北财经专科学校、湖北财经学院、复建中南政法学院、中南财经大学的发展时期。2000年5月26日，同根同源的中南财经大学与中南政法学院合并组建“中南财经政法大学”，成为一所财经、政法“强强联合”的人文社科类高校。2005年，学校入选国家“211工程”重点建设高校；2011年，学校入选国家“985工程优势学科创新平台”项目重点建设高校；2017年，学校入选世界一流大学和一流学科（简称“双一流”）建设高校。70年来，中南财经政法大学与新中国同呼吸、共命运，奋勇投身于中华民族从自强独立走向民主富强的复兴征程，参与缔造了新中国高等财经、政法教育从创立到繁荣的学科历史。

“板凳要坐十年冷，文章不写一句空”，作为一所传承红色基因的人文社科大学，中南财经政法大学将范文澜和潘梓年等前贤们坚守的马克思主义革命学风和严谨务实的学术品格内化为学术文化基因。学校继承优良学术传统，深入推进师德师风建设，改革完善人才引育机制，营造风清气正的学术氛围，为人才辈出提供良好的学术环境。入选“双一流”建设高校，是党和国家对学校70年办学历史、办学成就和办学特色的充分认可。“中南大”人不忘初心，牢记使命，以立德树人为根本，以“中国特色、世界一流”为核心，坚持内涵发展，“双一流”建设取得显著进步：学科体系不断健全，人才体系初步成型，师资队伍不断壮大，研究水平和创新能力不断提高，现代大学治理体系不断完善，国际交流合作优化升级，综合实力和核心竞争力显著提升，为在2048年建校百年时，实现主干学科跻身世界一流学科行列的发展愿景打下了坚实根基。

“当代中国正经历着我国历史上最为广泛而深刻的社会变革，也正在进行着人类历史上最为宏大而独特的实践创新”，“这是一个需要理论而且一定能够产生理论的时代，这是一个需要思想而且一定能够产生思想的时代”①。坚持和发展中国特色社会主义，统筹推进“五位一体”总体布局和协调推进“四个全面”战略布局，实现“两个一百年”奋斗目标、实现中华民族伟大复兴的中国梦，需要构建中国特色哲学社会科学体系。市场经济就是法治经济，法学和经济学是哲学社会科学的重要支撑学科，是新时代构建中国特色哲学社会科学体系的着力点、着重点。法学与经济学交叉融合成为哲学社会科学创新发展的重要动力，也为塑造中国学术自主性提供了重大机遇。学校坚持财经政法融通的办学定位和学科学术发展战略，“双一流”建设以来，以“法与经济学科群”为引领，以构建中国特色法学和经济学学科、学术、话语体系为己任，立足新时代中国特色社会主义伟大实践，发掘中国传统经济思想、法律文化智慧，提炼中国经济发展与法治实践经验，推动马克思主义法学和经济学中国化、现代化、国际化，产出了一批高质量的研究成果，“中南财经政法大学‘双一流’建设文库”即为其中部分学术成果的展现。

文库首批遴选、出版二百余册专著，以区域发展、长江经济带、“一带一路”、创新治理、中国经济发展、贸易冲突、全球治理、数字经济、文化传承、生态文明等十个主题系列呈现，通过问题导向、概念共享，探寻中华文明生生不息的内在复杂性与合理性，阐释新时代中国经济、法治成就与自信，展望人类命运共同体构建过程中所呈现的新生态体系，为解决全球经济、法治问题提供创新性思路和方案，进一步促进财经政法融合发展、范式更新。本文库的著者有德高望重的学科开拓者、奠基人，有风华正茂的学术带头人和领军人物，亦有崭露头角的青年一代，老中青学者秉持家国情怀，述学立论、建言献策，彰显“中南大”经世济民的学术底蕴和薪火相传的人才体系。放眼未来、走向世界，我们以习近平新时代中国特色社会主义思想为指导，砥砺前行，凝心聚

① 习近平：《在哲学社会科学工作座谈会上的讲话》，2016年5月17日。

力推进“双一流”加快建设、特色建设、高质量建设，开创“中南学派”，以中国理论、中国实践引领法学和经济学研究的国际前沿，为世界经济发展、法治建设做出卓越贡献。为此，我们将积极回应社会发展出现的新问题、新趋势，不断推出新的主题系列，以增强文库的开放性和丰富性。

“中南财经政法大学‘双一流’建设文库”的出版工作是一个系统工程，它的推进得到相关学院和出版单位的鼎力支持，学者们精益求精、数易其稿，付出极大辛劳。在此，我们向所有作者以及参与编纂工作的同志们致以诚挚的谢意！

因时间所囿，不妥之处还恳请广大读者和同行包涵、指正！

中南财经政法大学校长

前　言

随着企业这一社会经济细胞逐渐成长进化，企业的商业模式和价值管理越来越影响着企业自身的价值迭代。

也正是基于这个原因，商业模式和价值管理已然是当前企业管理理论和实践领域的热门话题。然而，国内外学者更多的是把商业模式视作一个偏管理学研究的范畴，把价值管理则视作一个偏财务学研究的范畴。

然而，传统的商业模式与价值管理理论并没有深入揭示企业价值创造的源动力，也没有显现企业价值创造过程中结构化程序的独立价值，本书认为，企业商业模式设计和价值管理系统的研究应该关注两个基础性的问题：企业价值创造的源动力是什么？企业如何对源动力进行程序梳理？

1. 企业价值创造的源动力

企业往往被视为一种计划秩序的载体，然而随着企业的有机生长，企业内部层级式计划秩序的局限性会越来越突出，而那种存在于每个组织成员的利己心，通过自发的试错过程和分散化的竞争性方式的组织行为将逐步体现出自身的优越性。鉴于此，本书认为，企业应该探求一种适应性的商业模式设计逻辑，同时构建一个结构化的价值管理体系，以此来梳理自下而上的基于自发秩序的外市场力量和内部行为动力。当现代企业在一个复杂系统中有机生长时，传统意义上的市场自发秩序力量也将从企业内部唤起并主导企业的决策行为，这其实就是企业价值创造的源动力。这一自发秩序力量难以被精确的计划设计，它需要一种敏捷且权变的商业模式设计和价值管理系统对其进行有效疏导。一旦企业的模式设计和程序管理没有很好地容纳这一自发秩序力量对企业价值创造的基础性贡献，企业运营将陷入一种混乱和冲突，这会表现为一种无序状态。

2. 商业模式设计与价值管理的程序理性

西蒙（Simon，1978）认为，在存在不确定性的环境下，只能依靠运用某一理性的程序来减少未来不确定性的程度。任何企业面临的经营环境都充满了不确定性，因而对业绩结果的改进都将难以一步企及，而通过结构化的模式迭代和流程管理则能够提供持续的基础保证。企业经营的业绩结果往往只能决定着人们的注意力，而一个恰当的模式设计和价值管理范式则能够保证企业各利益相关方对这一经营结果的尊崇，它往往能在组织面临不确定的内外部环境时给予行为人一个明确的行动结构。与此同时，程序性的活动能够向第三方彰显管理者的能力（Feldman and March，1981）。鉴于此，本书认为，企业的商业模式设计和价值管理系统一旦基于自发秩序基础并从程序理性的逻辑切入，就无须计较企业价值创造结果用何种业绩指标（现金流、经济利润、平衡计分卡加权分数或其他非财务指标）进行计量，对商业模式设计和价值管理程序质量的保证也即对结果质量的认同。

在引入经济学的自发秩序原理和法学的程序理性理论之后，本书努力将企业的商业模式设计与价值管理系统的构建放到一个更深刻和宏大的架构里面进行整合研究。

本书共7章，第一章为文献综述，简要论述了商业模式和价值管理的研究现状以及本书的研究意义；第二章和第三章主要构建了商业模式设计和企业价值管理的理论基础，本书将自发秩序和程序理性理论从经济学领域和法学领域跨界应用到商业和管理领域，并且构建了一个整合性的分析框架，为后续的分析应用奠定了思想基础；第四章和第五章则在前文构建的理论框架上，从实践应用的视角建立了商业模式设计和企业价值管理的应用框架；第六章则进一步讨论了商业模式和价值管理对公司价值的基础性意义，以及公司估值的方法和公司价值迭代的基本逻辑；第七章主要阐述了本书的研究结论以及未来的研究方向。

本书是笔者博士论文和商业实践的持续研究，可以说，兼顾了学术思考和实践应用，这也是笔者近些年一直努力跨界的研究成果。笔者在工作和研究过程中得到了学院各级领导的帮助和家人的支持，谨在此表示诚挚的谢意。当然，也要感谢经济科学出版社的编审老师对本书出版所做的大量工作。

学无止境，本书的出版仅仅是笔者对企业商业模式设计与价值管理研究的阶段性成果。鉴于时间和笔者水平有限，本书难免存在诸多不足之处，恳请广大读者批评指正。

刘　圻

2019年8月于武昌

目　录

第一章
文献综述

第一节 研究背景及选题意义

一、研究背景

随着经济的全球化和资本市场竞争的不断加剧，企业的商业模式设计和价值管理越来越受到企业领导者的重视。目前，国内外学者对商业模式设计和价值管理的研究往往是分开进行的。商业模式更偏重管理实践，而价值管理则偏重财务理论。商业模式的研究关注创造性破坏和市场过程理论，而价值管理则关注产权理论、契约理论和代理理论。在这些基础理论的指导下，研究者们还进行了大量的实证研究，以对企业商业模式创新和价值管理进行检验、比较和修正。

然而，建立在这些理论上的商业模式创新和企业价值管理都没有揭示企业进行模式创新和价值管理的源动力，也容易导致对企业价值创造计量形式的依赖，同时无法显现企业在商业模式构建和价值管理流程中程序结构的独立价值。因此，研究基于自发秩序与程序理性框架下的企业商业模式与价值管理具有非常重要的理论和实践意义。

目前，国内外从自发秩序和程序理性的角度对企业管理进行研究的并不多。近几年，国内有少数学者开始将程序理性思想应用到企业层面分析会计信息的真实性问题（杨志强，2003；刘圻，2005）、商业银行内控体系（骆瑞刚，2004）及企业价值管理的建立（刘圻，2009），但将自发秩序原理与程序理性思想延伸到企业商业模式与价值管理的交叉研究几乎没有，因此，构建基于程序理性的商业模式设计和价值管理框架具备相当的理论和现实意义。程序理性是相对于结果理性而言的，结果理性强调结果符合目标性，而程序理性则强调的是行为程序的理性。西蒙（1978）认为，在存在不确定性的环境下，人们无法准确地预测未来，从而也就无法按照结果理性的方式采取行动，只能依靠采用某一理性的程序来减少未来不确定性的程度。换句话说，只要保证了行为过程的理性，符合行为规范的标准，其结果就是可以接受的。

延续这种思想，我们认为，通过建立基于“结构—过程—行为”的程序理性范式对市场及企业内部自发秩序力量的有效疏导，能够为企业价值最大化目标的实现提供合理保证。这种从自发秩序原理出发构建程序理性框架视角的企业管理逻辑，为企业商业模式和价值管理理论的发展作出了积极的探索。

二、选题意义

本书从自发秩序观的角度对企业商业模式设计和整体的价值管理活动所进行的研究，区别于以往研究的单一且分割的视角。

企业在传统的秩序理论中往往被认为是一个计划秩序的典型机制，它往往被假想为一种设计精巧的科层机构，依靠权威指令和一致行动而获得价值。虽然人们在企业营运过程中也强调如何调动员工的主观能动性，但传统的企业营运模式显然更信任的是一种自上而下的管理方式。正因为如此，鲜见有学者从自发秩序的视角来分析企业的商业模式选择和价值管理活动，这使得如何去探索一条内生于企业每位成员心中的管理路径，无论对于理论研究还是实践应用都显得颇有意义。

在理论基础层面，本书将相关学科知识紧密地融入企业管理领域，特别是将自发秩序理论与程序理性思想有机整合，共同支撑着商业模式构建和价值管理的研究。自发秩序理论的引入，揭示了企业在模式构建和价值管理过程中自下而上的自发的有序化力量的作用，这种自发的有序化力量受制于既定的规则系统又冲击着既定的规则系统，并最终决定了企业商业模式演进和价值管理的有序开展。程序理性思想的引入，则将法学中的程序价值应用于商业模式和价值管理，其意义在于构建一个程序化的路径，并使之具备独立于实体结果的固有价值。

根据以上研究思路，本书的基本结构安排如下：

本书共 7 章，第一章为文献综述，简要论述了商业模式和价值管理的研究现状以及本书的研究意义；第二章和第三章主要构建了商业模式设计和企业价值管理的理论基础，本书将自发秩序和程序理性理论从经济学领域和法学领域跨界应用到商业和管理领域，并且构建了一个整合性的分析框架，为后续的分析应用奠定了基础；第四章和第五章则在前文构建的框架上，从实践应用的视角建立了商业模式设计和企业价值管理的应用框架；第六章讨论了商业模式和价值管理对公司价值的基础性意义，以及公司估值的方法和公司价值迭代的基本逻辑；第七章主要对本书研究过程中出现的问题进行了探讨，阐明本书的局限性和未来的研究方向。从整体结构上来看，前三章可以看作是理论篇，后三章可以看作是应用篇，我们希望能够通过理论性的思考，对商业模式和价值管理在实践中的应用奠定更深刻的基础。

第二节　商业模式与价值管理的概念界定

一、商业模式的概念界定

商业模式是企业存在的一种形态，任何企业都拥有相应的商业模式。美国著名管理大师彼得·德鲁克（Peter F. Drucker）最早于 1994 年将商业模式称为组织或者公司的经营理论。随后，伯罗·蒂默斯（Paul Timmers，1998）也对商业模式进行了界定。他认为商业模式是由产品、服务和信息所构成的有机系统。截至目前，主要形成了基于盈利的商业模式（Stewart D. W. and Zhao Q.，2000）、基于运营的商业模式（Amit R. and Zott C.，2001）、基于战略的商业模式（Potter M.，1996）以及基于系统论的商业模式（Zott C. et al.，2011）四种商业模式的基本概念。

基于盈利的商业模式认为企业的基本目的就是盈利，因此，不少学者将商业模式描述为企业的盈利模式。基于运营的商业模式关注企业的价值创造和价值传递活动及相应的支撑系统，并把企业的价值活动放在社会价值网络来审视，强调企业嵌入商业生态系统的方式。基于战略的商业模式侧重对企业战略定位的思考。基于系统论的商业模式认为商业模式是一个由多因素构成的系统，是一个体系或集合，是多角度的整合和协同，它并不是仅仅关注运营模式、盈利模式或战略定位，而是把商业模式看作是上述要素的有机组合。基于系统论的商业模式概念模型代表性的主要有四构面模型、九要素模型、价值三角形模型以及交易组织模型。

其中，四构面模型是由哈默尔（Hamel）①提出的，具体包括：（1）四大构面，即核心战略、战略资源、顾客界面、价值网络，四大构面为企业营运的重要考虑对象，各个构面之下包含多个子要素。（2）三大桥梁，即构面联结因素，包括资源配置、顾客价值、企业边界，这三大桥梁联结四大构面，检验构面间是否充分联结以发挥绩效。（3）四大支撑因素，即效率、独特性、配适、利润推进器，这四大支撑因素用于衡量商业模式是否具有利润潜力与竞争优势。九要素模型是由奥斯特瓦德②（Osterwalder）等提出的，具体包括核心能力、资源配置、价值主张、分销渠道、目标顾客、伙伴关系、客户关系、成本结构和盈利模式九要素。价值三角形模型由张敬伟等在前人研究的基础上提出。③价值三角形模型对商业模式的本质进行了全面概括和高度浓缩，并将其解构为市场定位、经营系统和盈利模式三个要素。交易组织模型是由埃米特等（Amit et al.）提出的。④交易组合模型将商业模式看作一种描述企业如何同顾客、合作伙伴和供应商“做生意”的经营活动体系，这一运营体系超越了企业的运营边界，它既包括企业的运营活动，也包括企业的合作伙伴、顾客或供应商的运营活动。

我们倾向于系统论的商业模式，因为从某种意义上来看，单一的商业模式都是存在缺陷的，正如伊丹等（Itami et al.）所言⑤，商业模式必须一石二鸟，

---

① Hamel G.. *Leading the Revolution.* New York: Harvard Business School Press, 2000: 59 - 114.

② Osterwalder A.. *The Business Model Ontology a Propositon in a Design Science Approch.* Lausanne: Universite de Lausanne, 2004.

③ 张敬伟、王迎军：《基于价值三角形逻辑的商业模式概念模型研究》，载于《外国经济与管理》2010 年第 6 期，第 1 ~ 8 页。

④ Amit R., Zott C.. Creating Value through Business Model Innovation. *Sloan Management Review*, 2012, 53 (3): 126 - 135.

⑤ Itami H., Nishino K.. Killing Two Birds with One Stone Profit for Now and Learning for the Future. *Long Range Planning*, 2010, 43 (2/3): 364 - 369.

既要满足企业当前的收益与利润诉求，还要服务于企业的未来发展。在我们的研究中，商业模式被定义为企业赚钱的方式，它包括三个核心要素：战略定位、系统构建与精益实施。所谓的战略定位，就是找到一个据为己有的细分市场，然后开枝散叶。系统构建则强调差异性，在商业世界中，与其更好不如不同但又切实可行的系统构建对企业商业模式的优劣至关重要。精益实施关注的是如何让商业想法落地实施，这是当前非常吸引人的研究领域。精益实施讲究小规模试错然后再大规模投放，企业应最小化可行产品，先从“0”到“1”，然后再从“1”到“n”，最终为企业创造价值。

二、价值管理的概念界定

早在20世纪50年代，莫迪格利安尼和米勒（Modigliani and Miller，1958）率先提出企业价值的概念并在此基础上构建了基于现金流的价值评估体系，为价值管理理论的发展奠定了基础。目前，理论界和实践界主要是从三个方面对价值管理的概念进行界定：一是基于结果观来界定，认为价值管理是管理者集中于公司战略制定以达到股东价值最大化的一种重要的管理架构①（Knight，1998；Marsh，1998；Ronte，1999；Copeland，2003）；二是基于程序观来界定，认为价值管理是从目标设立、制度与架构设计、策略规划、营运过程到人力资源的薪酬制度设计的全过程，着眼于对历史的控制来展开管理流程，遵循一条“未来自由现金流最大化—股东价值最大化—企业价值最大化”的价值创造路径（Haspeslagh and Noda，2001）；三是从结果和程序两个方面综合界定，认为价值管理是管理者致力于股东价值最大化的企业战略，以价值评估为基础、价值创造为目的（Kaplan，1998），围绕企业战略、管理风险补偿、内部控制和薪酬设计（Ryanand Trahan，1999），整合各种价值驱动因素和管理技术、梳理管理与业务过程的新型管理框架（汤谷良、林长泉，2003）。我们认为，企业价值管理是指企业的利益相关者以其所投资的相关资源为基础，依据相应的行为规则进行博弈冲突的价值创造过程及价值评估体系，它包括三个核心要素：治理结构、

① Copeland Tom，Tim Koller，and Jack Murrin. *Valuation：Measuring and Managing the Value of Companies*. New York：Wiley，1994：34 - 37.

激励机制和流程程序，具有自发秩序的特征，又需要一种程序理性的管理流程进行疏导。

第三节 商业模式与价值管理理论基础

一、商业模式理论基础

关于商业模式理论基础主要包括创造性破坏理论和市场过程理论。

（一）创造性破坏理论

商业模式的理论解释最早来自美国著名经济学家约瑟夫·A. 熊彼特（Joseph Alois Schumpeter）。早在1939年，熊彼特就指出价格和产出的竞争并不重要，重要的是来自新商业、新技术、新供应源和新的公司商业模式的竞争。他认为企业家能够执行新的组合，具有创新精神，创新与发明的代理者是企业家，正是这样的企业家成为促进市场经济增长的中坚力量，当存在许多企业家时，市场经济将兴旺发达。企业的经营行为就是不断实施创造性破坏——在打破旧有市场格局中建立新的市场格局，而且绝不把新的市场格局作为目标，而是立即把已形成的新格局当作旧格局来打破，从而开始下一轮的“创造性破坏”。

随着“新经济”的出现，似乎市场与厂商都需要以新的商业模式来取代旧的商业模式，这一过程被熊彼特称为“创造性破坏”。“创造性破坏”是“新经济”的核心，因为这种思想潮流的基础是生产力的改善是经常性的，而不是暂时性的。因此，企业面临的变革压力是经常性的。

（二）市场过程理论

奥地利经济学家柯兹纳（Kirzner）则从“市场过程”的角度对商业模式进

行了研究。柯兹纳认为企业家实质上是一种经纪人，他们不但能够感觉到机会而且能够捕捉住机会并创造利润。由于信息的分散、零碎而导致的市场交换主体的互相无知，使得市场协调成为一个问题。新奥地利经济学派最重要的代表人物弗里德里希·哈耶克（Friedrich August von Hayek）论证到，没有人是全知的，他只拥有与自身紧密相关的人或事物的不完全的知识，但由于市场中存在一批十分敏锐的企业家使这一问题得到解决。这里的“企业家”是一个广义的概念，他不仅是指从事商业活动寻求利润的企业家，而且指一切在经济或社会活动中善于寻觅机会，通过冒险、预期或投机行为使自身利益最大化的所有个人。

二、价值管理理论基础

企业可以看作是在自发秩序下，由产权主体缔结契约，投入相关资源，形成委托代理关系并产生合作剩余的一个流程机制。一般认为，企业价值管理的研究有以下三大理论基础。

（一）产权理论

人类历史经历了从占有到所有的发展，在这个过程中产权得以产生（曹钢，2001）。对于产权理论的研究从马克思就已经开始。[①] 马克思从主客体两个方面研究产权关系，认为财产是通过人对物的关系来体现，即“财产最初无非以为这样一种关系：人把他生产的自然条件看作是属于他的、看作是自己的、看作是与他自身的存在一起产生的前提”[②]。对于私有财产的解释，马克思认为应该有国家权利作为保证，“私有财产的真正基础，即占有，是一个事实，是不可解释的事实……只有由于社会赋予实际占有以法律的规定，实际占有才具有合法

① 对于产权起源的研究一般认为，以土地公有为典型的原始社会的产权是公有产权，是自然形成的最初的人类社会的产权关系。私有产权的产生和发展与原始社会晚期家庭的行为方式及其演变密切相关，当以血缘为纽带的部落内产生具有独立经济意义的家庭时，私有产权的产生也就具有必然性。关于这方面更详尽的讨论，参见于鸿君：《产权与产权的起源——马克思主义产权理论与西方产权理论比较研究》，载于《马克思主义研究》1996 年第 6 期。

② 《马克思恩格斯全集》，人民出版社 1979 年版，第 160 页。

占有的性质，才具有私有财产的性质”[①]。“我们透过私有财产听到了人心的跳动，这就是人对人的依赖”[②]。所以，马克思主义产权观的本质也强调人与人之间的社会经济关系，这一点与西方产权理论是有共性的。[③]

西方产权理论的讨论开始于罗纳德·科斯（Ronald Coase）在1937年发表的《企业的性质》一文。哈罗德·德姆塞茨（Harold Demsetz）是较早地对产权概念进行专门研究并提出明确观点的学者，他认为：“产权是一种社会工具，其意义来自这样一个事实：在一个人与他人做交易时，产权能够帮助一个人在与他人的交易中形成一个可以合理把握的预期。这些预期通过社会的法律、习俗和道德得到表达……要注意的很重要的一点是，产权包括了一个人受益或受损的权利。产权是界定人们如何收益及如何受损，因而谁必须向谁提供补偿以修正人们所采取的行动。”[④] 阿罗·阿尔钦（Armen Albert Alchian）认为：“产权是授予特定的个人某种权威的方法，利用这种权威可以从不被禁止的使用方式中，选择任意一种对待物品的使用方式。”[⑤] E. 菲吕博腾和S. 佩乔维奇（Furubotn and O. Pejovic）通过对产权理论文献进行总结，把西方学者关于产权的各种定义归结为：“产权是因为物的存在而产生的，与这些物的利用相联系的人们之间被认可的行为关系。”[⑥]

揣摩以上定义，可以体会出，产权是排他地使用资产并获取收益的权利[⑦]；产权就是剩余索取权，谁获取剩余，谁就拥有资产[⑧]；产权是剩余控制权形式的资产使用权力[⑨]。产权排他性的目的是解决“公地悲剧”[⑩] 中“搭便车”的问

① 《马克思恩格斯全集》，人民出版社1979年版，第187页。

② 《马克思恩格斯全集》，人民出版社1979年版，第199页。

③ 研究者基本上都认为，马克思主义产权理论与现代西方产权理论是宏观与微观的关系。马克思主义产权理论是从宏观整体上全面把握产权运动及其规律，而现代西方产权理论则是从微观具体的角度部分把握产权运动及其规律。现代西方产权理论是对马克思主义产权理论未曾涉及或很少论及的问题和领域的新拓展，使产权研究走向专门化、学科化，将产权研究同经济效率联系在一起。相关分析参见吴宣恭：《马克思主义产权理论与西方现代产权理论比较》，载于《经济学动态》1999年第1期。

④ 科斯等：《财产权利与制度变迁》，上海人民出版社、上海三联书店1994年版，第97页。

⑤ 科斯等：《财产权利与制度变迁》，上海人民出版社、上海三联书店1994年版，第167页。

⑥ 科斯等：《财产权利与制度变迁》，上海人民出版社、上海三联书店1994年版，第204页。

⑦ 约翰·伊特韦尔、皮特·纽曼、默里·米尔盖特等：《新帕尔格雷夫经济学大词典》（第三卷），经济科学出版社1992年版，第1101页。

⑧ 阿尔钦、德姆塞茨：《生产、信息费用与经济组织》，引自《财产权利与制度变迁》，上海三联书店、上海人民出版社2003年版，第59~95页。

⑨ Hart, Oliver. *Firms, Contracts, and Financial Structure*, Oxford University Press, 1995.

⑩ 这个名称来自Hardin, G.. The Tragedy of the Commons, *Science* 162, 1968: 1243-1248。众多教科书都讨论过这个问题，初级的如斯蒂格利茨：《经济学》，中译本，中国人民大学出版社1997年版，第29~30页；中级的如范里安：《微观经济学：现代观点》，中译本，上海三联书店、上海人民出版社1994年版，第714~718页；高级的如张维迎：《博弈论与信息经济学》，上海三联书店、上海人民出版社1996年版，第82~85页。

题。但是，如果没有交易成本，或者合同是完全的，那么，即使不把财产分配给个人，也可以解决同样的问题，这时产权安排无关紧要。如果有交易成本，或者合同是不完全的，那么，有意义的就不再是由合同明确规定的特定权利，而是合同未能明确规定的剩余权利了。这时应该先做出剩余控制权的安排，再随之做出剩余索取权安排，通过相应的产权安排可以解决产权主体的动力和偷懒问题。剩余权利的分割安排意味着产权也具备可分割性，这种可分割性不仅有利于资源的有效利用，而且可以拓展人们对产权安排与产权构造的选择空间。

（二）契约理论

产权是建立契约的基础。产权作为一种权利，必须得到其他相关人的认可，这要在契约①中得以体现。企业的本质是契约关系，不仅有与雇员的，而且还有与供应商、客户和投资人的契约关系。它是使许多相互冲突的目标在合同关系框架中实现均衡的复杂过程的焦点。威廉姆森（Williamson，1985）认为，实际的人都是契约人，他们无不处于交易中，并用明的或暗的契约来管理他们的交易。契约人的行为特征体现在两个方面，即有限理性和机会主义。

按西蒙的定义，有限理性指的是“主观上追求理性，但客观上只能有限地做到这一点”② 的行为特征。有限理性的重要性在于：首先，它表明人们对交易过程中有可能出现的每种偶然事件进行考虑和订约是有代价的；换言之，设计或制定契约的事前成本可能是很高的，以致人们无法在契约中为各种偶然事件确定对策，或者许多偶然事件根本就无法预测，也无法在契约中列出。其次，事先没有考虑到的偶然事件会增加事后成本，因为当这些事件出现时就需要重新进行谈判和缔约。最后，由于预料到一定会有某些偶然事件事前没有想到，所以交易各方可能在初始契约中订立如何“善后”的具体措施，从而增加了相应的管理成本。契约人的有限理性需要经受机会主义的严峻考验。所谓机会主义是指契约中的行为人以不诚实的或者欺骗的方式追求自利的行为。机会主义的一个直接结果就是合同风险。机会主义的契约人在履行契约的过程中善于见机行事，这使得事后的实际结果不是按契约事先拟订的方向而是按有利于其的方向发展。在这种情况下，怎样采取措施遏制机会主义也从另一个侧面阐释了

① 在本书中，“契约”和“合同”可以互换使用。
② 赫伯特·西蒙：《管理行为——管理组织决策过程的研究》，北京经济学院出版社 1988 年版。

设计或制定契约的事前成本可能非常高。

在完全理性假定下，人们有能力进行全面的事前缔约以杜绝机会主义的选择空间，这时，合同是完全的。但是，有限理性假定排除了这一点。在可行的范围内所有合同现在都成了不完全的了。因而，合同事后的一面便有了特别的经济重要性。研究便于填补有关事前合同的缺陷和解决事后争端的结构、过程和行为就成为经济组织的问题的一部分了。

格罗斯曼和哈特（Grossman and Hart，1986）以及哈特和莫尔（Moore，1990）等人进一步认为，由于交易成本的存在，特别是相关变量的第三方不可证实性，即所谓的“可观察但不可证实性”，使得合同是不完全的，它意味着不可能在初始合同中对所有的或然事件及其对策做出详尽可行的规定。这时必须有人拥有“剩余控制权”（residual rights of control），以便在那些未被初始合同规定的或然事件出现时做出相应的决策。泰勒尔等人最早对此提出了质疑（Tirole，1999；Maskin and Tirole，1999）。他们深刻地认识到合同当事人所真正关心的并不是具体的或然事件本身，而是或然事件对支付的影响。鉴于此，只要当事人能够设计出能够自我实施的合同方案，那么相关变量的不可证实性就变得无足轻重了。决定合同性质的并不是或然事件本身的物理性质，而是或然事件对当事人的效用的影响。当考虑到重复博弈所形成的非正式合同（implicit contract）的作用时，那么“可描述但不可证实性”对当事人签订一份无须再谈判的完全合同的制约作用将大打折扣。譬如，企业文化的形成有助于对企业各当事人行为的约束和调整（Kreps，1990）。

事实上，现实中的契约各缔结方并没有因为合同必然是不完全的这一事实而放弃签订尽可能完善的合同。这是因为当事人真正关心的并不是合同的不完全性本身，而是合同的完全程度。“如果一个合同对于交易及其实现手段进行了更精确的定义，那么该合同就比其他合同更少一些不完全性”，并且“那种描述了如何在每一种可以想象到的情况下实现交易的契约就不但是一个完全的而且还是一个可以实现的契约”（Saussier，2000）。从这个角度出发，“可行的完全性”是一个更有意义的概念。“完全合同并不是意味着未来行动的过程都被规定在初始合同中（否则，控制权的概念就没有意义了）……签订完全合同仅仅指当事人在给定的且有限的关于他们未来偏好的知识和行动可能性集合的条件下所签订的最佳合同。"① 正是从这个观点出发，我们希望从三个层面，即结构理性、过程理性和行为理性，去构造一份具有最佳可行性的企业契约，并通过尽可能地拓展可自动实施的范围，压缩契约中行为人机会主义的选择空间，最终展现一个良好的企业价值管理行为路径。

（三）委托代理理论

代理问题源自企业所有权与控制权相分离。伯利和米恩斯（Berle and Means，1932）虽然没有使用"代理"这一词汇，但实质上已经提出了代理问题。他们发现，在现代公司中投资者放弃了对其财富的控制权，其地位由独立的所有者变成了单纯的资本报酬领受者。当一个企业的所有者不是管理者时，这就产生了管理背后的动力问题，以及企业经营利润如何有效分配的问题。研究者们把代理问题引入对风险分享的研究（Arrow，1971；Wilson，1968；Fama，1980），并在这一过程中逐渐形成代理理论的体系。简森和梅克林（Jensen and Meckling，1976）把代理关系定义为"在一种合同的规范下，一个或多个人雇用其他人代表他们进行一些服务，包括授予代理人一些决策制定的权力"，把代理成本定义为委托人的监督成本、对代理人的约束担保成本和剩余损失的总和，认为经营者和投资者的目标函数是不一致的，在信息不对称和股东分散的情况下，会出现"逆向选择"和"道德风险"（Eisenhardt，1989），导致代理成本的产生。解决逆向选择和道德风险问题的最佳补偿契约方案是风险分享与激励之间的平衡问题（Ross，1973；Holmstrom，1979；Murphy，1990）。价值管理的支持者认为上述方案解决了这个问题。同时，他们建议经营者对创造股东价值的贡献应该用业绩评价指标来衡量，并设计相应的薪酬激励体系（Kensinger et al.，1990；Stewart，1991；Copeland，1994；Rappaport，1999）。瑞安和特拉汉（Ryan and Trahan，2007）认为，有效的公司治理和财务管理需要通过约束监督和激励机制来协调股东和管理者的不同利益，价值管理提供了一种整合的管理战略和财务控制系统，其核心理念是资本效率，关注股权的资本成本从而可以缓解代理冲突并增加股东财富。价值管理揭示了投资者和管理者利益趋同的驱动因素能够事前监测到经理的决策判断，通过风险补偿和激励来降低代理成本、解

① Tirole，J.. Corporate Governance，*Econometrica*，2001（69）：1-35.

决代理问题，将投资者和经营者的利益捆绑在一起。

三、综合性理论基础

传统的基础理论没有揭示企业进行商业模式创新和价值管理的源动力，同时也无法显现企业在商业模式构建和价值管理流程中程序结构的独立价值。因此，研究基于自发秩序与程序理性框架下的企业商业模式与价值管理具有非常重要的理论和实践意义。

（一）自发秩序理论

秩序问题极其重要。比生活在你不喜欢的规则中更为糟糕的事情是生活在不可预测的嘈杂社会中，但是秩序应该如何建立起来呢？从秩序的角度可以将西方自由主义经济理论区分为建构理性主义传统和演进理性主义传统。前者就是所谓的计划秩序传统，它基于每个个人都倾向于理性行动和个人生而具有智识与善的假设，认为理性具有至上的地位，某个权威能够有意识地控制和指导其他个人的所有行为，个人只不过是整个社会生活这样一个大棋盘中的一个棋子，在所有细节上需要而且应该接受权威的指令。与构建理性主义传统相对立的就是演进理性主义，或自发秩序传统，它基于人类的理性并非万能，只有在累积性进化的框架内，个人的理性才能得到发展并成功地发挥作用，对理性的滥用会陷入“致命的自负”①。而在恰当的法律规则约束下，每个人自发的经济活动，追求自身利益，便可促成社会制度和经济秩序的生成以及社会公共利益的增进。

针对以上两类不同的秩序观念，自发的秩序思想长期以来被我们所漠视，因为我们如此信仰有计划的有序化过程，所以感觉自发的有序化过程总是难以被理解和接受，并常常替代性地设想一个起引导作用的有形之手将有序化过程缩减为一种较简单且容易领会的有计划操作。然而，社会的前进由自发秩序的力量所推动，包括惯例、规则和制度在内的人类秩序，都并非是由于人们理性

① 哈耶克著，刘戟锋等译：《致命的自负》，东方出版社 1991 年版，第 71 页。

地预见到其利益而谨慎设计的，而是不同的行为主体在追求各自的目标时不经意的结果，即它们都是人类行动而非设计的结果。换句话说，人类行动的选择不是最优化，而是不可逆转的历史偶然过程（Potts，2000）。

自发秩序传统历史悠久，18 世纪的曼德维尔、19 世纪的斯密和 20 世纪的哈耶克是传承这一思想精粹的代表人物。尽管人们认为自发秩序传统的思想源流在 16 世纪经院哲学派的经济学家中就可见端倪，但第一个系统地说明自发秩序的经济学家是曼德维尔（巴利，1999）。在他的《蜜蜂的寓言》一书中，曼德维尔提出了一个著名的悖论：私人的罪恶产生公共利益。① 曼德维尔认为，在复杂的社会秩序中，人们的行为结果同他们所设想的非常不同，个人在追求自己的目标时，无论是出于自私还是利他，都会产生一些他们并未预料甚至一无所知的对他人有益的结果。斯密的政治经济学研究的对象是国民财富问题，其中心在于探讨一种能以有利于他人的方式引导我们的自利心从而促进国民财富增长的制度框架。这一思想继承了曼德维尔和休谟等苏格兰启蒙思想家对理性局限性的认识。在斯密眼中，所谓那只“看不见的手”就是市场，这就是一种自发的秩序。作为自发秩序思想的集大成者，哈耶克对自发秩序传统的一大贡献是他强调了人类在有意识地设计和指导我们的制度和产出方面具有不可避免的认识局限。哈耶克对知识问题的探索终其一生，认为知识问题应该是经济学的中心问题，并进而在“劳动分工”的思想基础之上提出了最具原创力的“知识分工”问题。

詹姆斯·布坎南（James Buchanan）晚年认为自生自发秩序是经济学的唯一原则。同时他主张把自生自发秩序与个人利益追求相勾连，认为自生自发秩序亦可以在更广大的社会领域中得到适用。② 沿着这样一条路径，我们认为不但社会秩序遵循着一种自发的力量，而且企业自身的运作也遵循着类似的自发力量。用现代企业理论的观点来看，企业只不过是对市场的一种替代（Cheung，1983），然而，长期以来，企业却被一种设计秩序的外衣掩盖了其自发秩序的实质。③

① 埃德蒙·惠特克：《经济思想流派》，上海人民出版社 1974 年版，第 130～132 页。
② 哈耶克著，邓正来译：《自由秩序原理》，生活·读书·新知三联书店 1997 年版，第 8 页。
③ 在这一点上，即使哈耶克也将企业运作界定为经典意义上的计划秩序（参见哈耶克著，邓正来译：《自由秩序原理》，生活·读书·新知三联书店 1997 年版，第 16～20 页），笔者对此持不同观点，这也是本书最初的研究动机。

（二）程序理性理论

程序在面临外部不确定性时能够给予行为人一个明确的行动结构。人们总是愿意生活在一种管理程序可以让自己认同和接受的制度之中，而不会愿意生活在被强迫遵从的秩序之中（Summers，1974）。程序是“一种具体的、完成某事的行为方式；一个过程中的一个步骤或者是在一个明确的、有规律的顺序中的一系列步骤；一种传统的或固定的行为方式”①。当做出某一决定的程序允许受该决定影响的当事人参与其中，且又能让他们感觉公正的话，该决定就非常可能让其接受。西蒙（1978）从“程序”和“结果”的差异性上，区分了程序理性（procedural rationality）与结果理性（rationality of outcome）。程序理性是指如果行为是适当考虑的结果，该行为就是程序理性的，它强调的是行为机制的理性而不注重结果本身，但由于结果总是一定行为程序的结果，一旦保证了程序理性，结果即可接受；结果理性则是指在由既定的条件和限制所规定的范围内，当行为适于达成既定的目标时，它就是结果理性的，因此，结果理性强调的是结果符合目标性而不论产生这一结果的行为的程序。西蒙认为，在存在不确定性的环境下，人们无法准确地预测未来，从而也就无法按照结果理性的方式采取行动，只能依靠采用某一理性的程序来减少未来不确定性的程度。因此，应以程序理性代替结果理性来进行经济学研究。由上述对程序理性和结果理性概念的界定可以看出，程序理性而不是结果理性是企业应对外部不确定性的有效模式。鉴于此，可以说，结果理性决定人们的注意力，而程序理性保证人们对结果的尊崇。

就法律层面而言，评价程序理性的特征标准在内容上十分广泛。② 从企业管理的角度考核程序的价值应该有别于法律视角。在实践中，企业内部的管理和决策活动不可能永远在不产生纷争的情况下进行，于是，解决争议的程序就势必不可或缺。也就是说，当某一决策事件处于争议状态时就得有一种处理的程序。企业层面的程序理性的内涵包括：程序的参与性，这一程序理性的基本要求又可称为“获得机会”的原则，其核心思想是，那些其利益可能会受到决策

---

① *Biswas on Encyclopedic Law Dictionary*，1979：592.

② 众多学者从法学的角度都对程序的价值进行过相关的概括，包括萨默斯（1974）、莱维托（1980）、马萧（1981）、贝尔斯（1985）。

直接或间接影响的主体应有充分的机会并富有意义地参与决策的制定过程，从而对最终决策的形成发挥有效的影响和作用；程序的时限性，它是指企业的决策活动应当及时地形成阶段性意见；程序的有序性，它是指企业相关决策的制定和执行程序应保持一定的连续性和逻辑次序，这使得程序能够给利益相关者一个稳定的预期；程序的权威性，它是指决策制定程序所涉及的方法及其顺序、期限等，均由企业权力部门加以规定；程序的中立性，它是指决策人应当在那些利益处于冲突状态的参与者各方之间保持一种不偏不倚的态度和地位；程序的对等性，它是指决策人在整个决策制定过程中应该给予各参与方以平等参与的机会，对各方的意见和主张予以同等的对待，对各方的利益予以同等的尊重和关注。

由此可见，企业可以看作是在自发秩序下，由产权主体缔结契约，投入相关资源，形成委托代理关系并产生合作剩余的一个价值创造的流程机制。在这一机制内，生产要素所有者对如何使用一种特定权利的选择，事实上就是控制着决定实际用途的决策程序。它大体上可以指对企业各利益相关者权责利进行分配的方式和形态，以及为达致某一目的而型构的步骤。当针对企业组织内相关事务的当事人不能接受某项决策的结果时，用以解决相关争议与冲突的程序就必须产生。我们认为，程序理性可以存在于两个层面，一是关于冲突的解决方式；二是关于目标的达到路径。程序是连接结果和目的的桥梁，它具有对矛盾进行缓冲和对利益进行调和的作用。

第四节　国内外研究综述

一、商业模式的国内外研究综述

通过梳理国内外相关文献，有关商业模式的研究大多立足经济学和管理学的视角，并形成了盈利观、交易观和价值观三种代表性的商业模式观点。

（一）基于盈利视角的商业模式

盈利观主要从经济学视角展开研究，以经济利润作为最终目标，将商业模式界定为“企业的经济模式”，认为商业模式必须服务于企业利润最大化的目标。因此，商业模式应当探讨企业获取利润的主要途径，重点关注收入、成本、价格和产量等决定或影响利润的变量因素，商业模式是“赚取利润而经营商业的方法”（Rappa，2000）、“为顾客创造比竞争对手更多的价值以赚取利润的方法”（Afuah，2001）、“公司赚钱的故事”（格丽塔和斯通，2013）等。王晓辉认为，商业模式是涵盖物流、信息流、资金流，通过为顾客提供增值产品或服务获得盈利的模式。① 李东等研究了基于规则的商业模式的功能、结构和构建方法，从定位板块、利益板块、收入板块和资源板块四大板块构建了基于规则的商业模式框架，其中的收入板块是盈利模式设计，该板块规则旨在围绕盈利业务（点）选择以及定价方式而设计商业模式。② 李鸿磊和柳谊生将商业模式划分为经营管理类、战略定位类、交易结构类和价值创造类四大类，其中的经营管理类商业模式是基于盈利视角的商业模式，其本质是试图通过企业自身的经营管理活动而满足客户需求，获取经营利润。③ 吴晓波和赵子溢基于文献研究发现，商业模式创新的前因包括管理认知、资源能力、组织活动和盈利模式等内部因素，以及技术创新、情境因素、市场机会和企业的价值网络等外部因素，他们认为盈利模式是影响企业商业模式设计的重要内部因素。④

（二）基于交易视角的商业模式

交易观大多从管理学视角展开研究，并分别从运营效率和企业战略两个角度进行。其中，从运营角度将商业模式界定为“企业的运营结构”，研究内容主

① 王晓辉：《关于商业模式基本概念的辨析》，载于《中国管理信息化》（综合版）2006 年第 11 期，第 26 ~ 27 页。

② 李东、王翔、张晓玲等：《基于规则的商业模式研究——功能、结构与构建方法》，载于《中国工业经济》2010 年第 9 期，第 101 ~ 111 页。

③ 李鸿磊、柳谊生：《商业模式理论发展及价值研究述评》，载于《经济管理》2016 年第 9 期，第 186 ~ 199 页。

④ 吴晓波、赵子溢：《商业模式创新的前因问题：研究综述与展望》，载于《外国经济与管理》2017 年第 1 期，第 114 ~ 127 页。

要集中于企业创造价值的流程，旨在提高企业营运效率；从企业战略角度将商业模式界定为"战略方向的总体考察"，研究内容包括市场主张、组织行为、增长机会、竞争优势和可持续性，旨在获取企业的竞争优势。交易观的代表人物埃米特等认为，商业模式就是"为了利用商业机会创造价值而设计的交易内容、交易结构和交易治理机制"①。承袭商业模式交易观的研究思路，我国学者魏炜等认为，商业模式作为企业的战略规划问题，其本质是"利益相关者的交易结构，具体包括交易主体、交易内容、交易方式、交易定价"，并将商业模式具体化为定位、业务系统、关键资源能力、盈利模式、自由现金流结构、企业价值六个要素，其最终目标是实现企业价值。② 崔楠和江彦若认为，商业模式设计作为企业竞争优势的重要来源之一，其对企业经营绩效具有重要影响，并从驱动市场型和市场驱动型两个角度区分商业模式设计，考察商业模式设计和战略导向匹配性对企业经营绩效的影响，结果发现驱动市场型商业模式设计与创业导向匹配对经营绩效产生了积极影响，市场驱动型商业模式设计与顾客导向及竞争者导向匹配对经营绩效产生了积极影响。③ 姚明明等认为，相对于技术创新战略，商业模式是一种企业捕捉商业机会从而以创造价值为目的所设计的交易内容、交易结构和交易治理，其重点关注企业与其他人的交易过程。④ 孙婧和沈志渔从竞争优势角度考察了商业模式设计对企业竞争优势的影响，检验了商业模式与竞争战略匹配对企业竞争优势的作用，结果发现新颖型商业模式设计与效率型商业模式设计均能够正向影响企业竞争优势，商业模式设计与竞争战略对企业竞争优势的提升具有匹配作用。⑤

（三）基于价值视角的商业模式

价值观的鼻祖当属最早系统提出商业模式的迪莫斯（Timmers，1998），他

---

① Amit R.，Christoph Zott. Value Creation in E－business. *Strategic Management Journal*，2001，22（6－7）：493－520.

② 魏炜、朱武祥、林桂平：《基于利益相关者交易结构的商业模式理论》，载于《管理世界》2012 年第 12 期，第 125～131 页。

③ 崔楠、江彦若：《商业模式设计与战略导向匹配性对业务绩效的影响》，载于《商业经济与管理》2013 年第 12 期，第 45～53 页。

④ 姚明明、吴晓波、石涌江等：《技术追赶视角下商业模式设计与技术创新战略的匹配——一个多案例研究》，载于《管理世界》2014 年第 10 期，第 149～162 页。

⑤ 孙婧、沈志渔：《商业模式设计与企业竞争优势——竞争战略与冗余资源的调节作用》，载于《经济与管理研究》2015 年第 11 期，第 115～122 页。

将商业模式界定为“企业价值创造的基本逻辑”。承袭价值创造的基本思路，奥佛尔和得希（Afuah and Tucci）从市场营销角度出发，在商业模式中植入客户价值和资源使用的理念，认为商业模式是为客户创造价值的活动、资源及其联系的体系。[①] 我国学者王琴则将客户价值与企业价值联系在一起，提出了“二维价值”的观点，认为商业模式是一种为顾客创造价值并实现企业自身价值的艺术，其中，为顾客创造价值是手段，实现自身价值是目的。[②] 原磊对商业模式的二维价值观予以拓展，在综合考虑价值主张、价值网络、价值维护和价值实现四个因素的基础上，认为价值必须通过顾客、伙伴和企业的合作来创造。这种立足于顾客、伙伴和企业紧密合作进而创造价值的“三维价值观”，较好地体现了商业模式中的“共创和共享”理念。[③] 穆勒等（Müller et al.）研究中小企业如何应对工业4.0时代商业模式创新，该研究鼓励中小企业管理者进行探索，进一步形成商业模式创新。这里的商业模式创新指创建以客户为导向的创新，而不是以生产为导向的创新。此外，工业4.0支持引入价值捕获或货币化创新，如按使用付费模式，以及帮助公司加强与客户的互动并通过量身定制的价值优惠吸引新客户，最终为企业创造价值。该研究表明，对这种商业模式创新的考虑能够为中小企业创造价值，抵消所面临的挑战，加速工业4.0的实施。[④] 在实证方面，相关研究证明商业模式创新对企业绩效（成长）具有促进作用。例如，胡保亮对中国创业板企业进行研究发现，商业模式创新和技术创新的交互作用对企业的营业收入和利润具有显著的正向影响。商业模式是技术创新商业化的有效途径，这也提示中国后发企业在发展中要注重商业模式创新和技术创新的“并驾齐驱”。[⑤] 维什尼奇等（Visnjic et al.）考察了制造业企业在实施服务化过程中商业模式创新和产品创新对企业绩效的作用关系，结果表明在两者共同作用下，企业的长期绩效能够显著的提升。[⑥] 郭京京和陈琦研究发现，效率型商业

---

① Afuah A., Tucci C. L. *Internet Business Models and Strategies.* McGraw - Hill Higher Education, 2001.

② 王琴：《基于价值网络重构的企业商业模式创新》，载于《中国工业经济》2011年第1期，第79~88页。

③ 原磊：《国外商业模式理论研究评介》，载于《外国经济与管理》2007年第10期，第17~25页。

④ Müller, Julian Marius, Buliga O., Voigt K. I. Fortune Favors the Prepared: How SMEs Approach Business Model Innovations in Industry 4.0. *Technological Forecasting and Social Change*, 2018: 2-17.

⑤ 胡保亮：《商业模式创新、技术创新与企业绩效关系：基于创业板上市企业的实证研究》，载于《科技进步与对策》2012年第3期，第95~100页。

⑥ Visnjic I., Wiengarten F., Neely A. Only the Brave: Product Innovation, Service Business Model Innovation, and Their Impact on Performance. *Journal of Product Innovation Management*, 2016, 33 (1): 36-52.

模式设计和新颖型商业模式设计对企业绩效具有显著的正向影响。① 庞长伟等研究发现，商业模式创新对企业绩效具有显著的正向促进作用。② 王翔等将商业模式划分为顾客价值主张、业务活动系统和盈利方式三个构成，考察商业模式结构耦合对企业绩效的影响机理，结果发现顾客价值主张对企业绩效的影响最显著，商业模式对企业绩效具有不对称性的影响，其对盈利性指标和成长性指标的影响最显著。③ 胡保亮提出物联网商业模式的四个维度，包括基于感知的效率、基于感知的新颖、基于智能的效率和基于智能的新颖，并考察了四维度商业模式对企业绩效的影响，结果发现四维度商业模式均对企业绩效具有直接影响。④ 吴隽等研究了新颖型商业模式创新与企业绩效之间的关系，结果发现新颖型商业模式创新对企业绩效具有直接的正向促进作用。⑤ 李巍将组织双元理论运用于商业模式创新价值研究领域，基于双元能力视角考察了商业模式创新对企业经营绩效的影响，将商业模式创新类型分为效率型与新颖型两类，结果发现效率型商业模式创新、新颖型商业模式创新均与企业经营绩效呈倒“U”型关系。⑥ 刘亚军和陈进认为，商业模式创新的最终目的是帮助企业获得持续性竞争优势和绩效回报，并发现商业模式创新能够显著正向影响企业的创业绩效。⑦ 刘刚等将商业模式创新划分为价值主张创新、价值创造创新、价值网络创新和价值实现创新四个维度，并将高管团队异质性、商业模式创新与企业绩效纳入研究框架，结果发现高管团队异质性与商业模式创新呈“T”型关系，商业模式创新程度与企业绩效呈显著的正相关关系，不同维度的商业模式创新在提升企业绩效时所发挥的作用不同，价值创造维度的作用最显著。⑧ 进一步研究发现，商

① 郭京京、陈琦：《电子商务商业模式设计对企业绩效的影响机制研究》，载于《管理工程学报》2014 年第 3 期，第 83 ~90 页。
② 庞长伟、李垣、段光：《整合能力与企业绩效：商业模式创新的中介作用》，载于《管理科学》2015 年第 5 期，第 31 ~41 页。
③ 王翔、李东、后士香：《商业模式结构耦合对企业绩效的影响的实证研究》，载于《科研管理》2015 年第 7 期，第 96 ~104 页。
④ 胡保亮：《物联网商业模式的多维构思及其对企业绩效的影响研究》，载于《科技进步与对策》2015 年第 3 期，第 16 ~22 页。
⑤ 吴隽、张建琦、刘衡等：《新颖型商业模式创新与企业绩效：效果推理与因果推理的调节作用》，载于《科学学与科学技术管理》2016 年第 4 期，第 59 ~69 页。
⑥ 李巍：《制造型企业商业模式创新与经营绩效关系研究——基于双元能力的视角》，载于《科技进步与对策》2016 年第 5 期，第 111 ~116 页。
⑦ 刘亚军、陈进：《创业者网络能力、商业模式创新与创业绩效关系的实证研究》，载于《科技管理研究》2016 年第 18 期，第 224 ~231 页。
⑧ 刘刚、王丹、李佳：《高管团队异质性、商业模式创新与企业绩效》，载于《经济与管理研究》2017 年第 4 期，第 105 ~114 页。

业模式对企业绩效的影响，同时受到市场、环境、战略、资源等的影响（Zott and Amit，2007；蔡俊亚和党兴华，2015；Cucculelli and Bettinelli，2015）。

二、价值管理的国内外研究综述

根据委托代理理论，有效的财务计量指标可以促使代理人持续关注股东价值，弱化代理冲突，促进委托人和代理人的利益趋同从而实现企业代理成本最小化；根据利益相关者理论和行为价值管理理论，代理人的行为动机和努力程度不可观察，非财务指标的引入可以弥补财务指标的不足，减少由于忽略非财务指标而降低财务指标应用质量的可能性。据此，对于企业价值管理模式的分类主要是从财务层面和综合层面进行研究和检验，可将其划分为基于现金流的企业价值管理模式、基于利润的企业价值管理模式以及基于财务与非财务相整合的企业价值管理模式。

（一）基于现金流的企业价值管理模式

价值管理思想的源头最早可以追溯到 20 世纪初期费希尔（Fisher，1906）的资本价值理论。莫迪格利安尼和米勒（Modigliani and Miller，1958；1961）以及米勒（1963）的资本结构理论对价值管理产生了重大影响，唤起了人们对企业价值的高度关注。80 年代，自由现金流成为价值评价的标准分析工具，被投资者认为是正确的价值创造的衡量指标。简森（1986）把现金流定义为是在满足全部净现值为正的项目之后的剩余现金流量，或等于来自经营活动的税后现金流量减去经营资产上的增量投资（John D. Martin，2000）。拉帕波特（Rappaport，1986）的价值管理理论建立在自由现金流的基础上，沿袭了资本结构理论对企业价值的理解，把未来的现金流的折现视作企业价值，挖掘隐藏在企业价值背后的驱动因素，包括销售增长率、营业毛利率、所得税税率、公司价值增长期、营运资本投资、固定资产投资和资本成本这七大价值驱动因素（value drivers）。奥特森和卫桑力爱德尔（Ottosson and Weissenrieder，1996）提出了现金增加值（CVA）的企业价值管理模式，将企业的现金流区分为经营现金流（OCF）和经营要求现金流（OCFD），两者之差即为 CVA。之后，卫桑力爱德尔

(1998）在此基础上发展了价值管理模式，把价值管理模式分为CVA价值管理模式、EVA价值管理模式、CFROI价值管理模式和SVA价值管理模式，并提出了CVA系数概念，即经营现金流和经营要求现金流之比，他认为CVA包含五个主要的价值驱动因素——销售收入、营业盈余、营运资本、非战略性投资和经营要求现金流。[①] 随后出现了投资现金流收益（CFROI）的价值管理模式，该价值管理模式由波士顿咨询集团和HOLT价值联合会提出，认为价值管理的影响因素包括经营现金流、固定资产账面价值、固定资产平均使用年限、净营运资本、加权资本成本以及现金流收益率等（Madden，1999）。投资现金流收益(CFROI）的价值管理模式的内在本质与企业投资的内涵报酬率（IRR）是一致的。

在对基于现金流价值管理模式的实证研究中，大量文献对CFROI与股价的相关关系进行了实证研究。波士顿资讯公司和HOLT价值联合会（2003）发现，CFROI、资产收益率及权益报酬率对公司股价的解释力分别为70%、31%和44%，他们认为，CFROI与传统的会计利润指标最大的不同是其关注的是公司未来折现现金流，并采用消除了通货膨胀和会计政策变动影响后的折现率，当CFROI大于投资者要求的回报率时，说明公司为股东创造了价值。斯特芬·拉普等（Steffen Rapp et al.，2010）以2002~2008年的德国1 083家公司为样本，实证研究了投资现金流收益（CFROI）价值管理模式的应用与公司股市表现的相关关系，研究发现，股东采纳价值管理模式会作为一个积极可靠的信号使得管理者持续关注股东利益，从而致力于增加股东价值。[②]

（二）基于利润的企业价值管理模式

传统意义上的利润概念并不意味着价值创造。1950年，伊莱克特（Electric）首先提出剩余利润（residual income）的概念。20世纪90年代初，美国的两位学者约尔·斯腾恩和班尼特·史都华（Joel Stern and Bennett Sterwart）在前人研究的基础上正式定义了经济附加值（EVA）的概念，即考虑了资本成本后

① Fredrik Weissenrieder. Valuebasedmanagement：Economic Value Added or Cash Value Added? *Gothenburg Studies in Financial Economics*，1998：1-42.

② 国内学者杨淑娥等还从终极控制人的视角考察自由现金流对公司绩效的影响，研究发现，现金流权与公司绩效显著相关，对终极控制股东存在“激励效应”，这说明了自由现金流对终极控制股东行为存在约束作用，加强自由现金流的有效控制有利于企业价值管理。

的剩余利润，强调经济附加值等于税后净营业利润扣除资本成本。这一价值管理模式提出了价值创造的三大因素，也即税后净营业利润、投资资本和资金成本（Wallace，1997）。科勒尔（Koller，1994）对投资资本回报率（ROIC）的价值驱动因素进行了分解，科普兰等（Copeland et al.，2000）更细致地探讨了基于 ROIC 的价值管理模式，他将 ROIC 定义为调整的税后净营业利润与投资资本的比值。ROIC 与加权平均资本成本（WACC）的差其实就是经济利润率，它与经济增加值是一脉相承的价值管理理念。

一些学者还通过统计和实证的方法对基于经济利润的 EVA 价值管理模式进行了研究。早期的研究主要采用价值相关性模型，研究在资本市场有效的前提下 EVA 与传统的会计指标相比对公司价值的解释力，试图检验 EVA 与公司价值或股票收益的相关性，他们发现在与公司价值之间的关系中，EVA 比传统的会计指标具有更强的解释力（Stern Stewart，1996；Milunovich and Tsuei，1996；Lehn and Makhijia，1996；S. R. Rajan，1999）。例如，乌伊穆拉·坎托和佩蒂特（Uyemura Kantor and Pettit，1996）选取了 1986～1995 年 100 家美国银行的市场增加值 MVA 和 EVA 以及其他财务指标数据，研究发现 MVA 与 EVA 之间的相互关系最强；同时还得出 EVA 与其他传统财务评价指标相比，它对 MVA 的解释度明显较高（Makelanen，1998）。史蒂文等（Steven et al.，2009）选取制造业为样本实证分析 IT 支出与四个传统的会计绩效指标及与 EVA 指标在解释企业价值创造上的相关关系，研究发现：IT 支出与传统的会计绩效指标存在不一致性，但 IT 支出与采用 EVA 指标在企业价值创造上高度相关。随着网络时代的到来，经济附加值经历了第二次浪潮。詹姆斯等（2008）认为在互联网领域，EVA 依然能保持固有的公司业绩评估优越性，因为在这些公司中，突出的特点表现为高研发支出、营销和广告费用，而 EVA 的主要论点是这些支出在反映基础业务和公司未来的潜力上应该视为投资予以资本化而非费用化会更具说服力。不过也有学者对 EVA 评价有效性持怀疑态度，认为 EVA 的解释力远没有 EVA 倡导者们所宣称的那样（Biddle，1996；Jams Dodd and Chen，1997；Bowen and Wallace，1997）。比德尔等（Biddle et al.，1997；1999）利用相对关联模型比较了 EVA 与其他财务指标（如净经营利润和剩余收益），发现后者相对于 EVA 对股票收益率具有更强的解释力。詹姆斯·多德和陈世敏（Jams Dodd and Shimin Chen，1997）对 1983～1992 年的 566 家公司经营业绩进行的一项研究结果显示了股票收益与EVA的相关性，但结果并没有证明EVA在解释股票收益率的变化方面明显优于其他指标。克莱默和彼德斯（Kramer and Peters，2001）在53个工业部门中检验了EVA、税后净营业利润（NOPAT）与MVA的相关关系，发现NOPAT比EVA具有更强的解释力。

相比国外，国内应用EVA指标体系略晚。在理论研究方面，刘力（1999）、谷祺和于东智（2000）较早地介绍了EVA的价值管理模式。随后，池国华和邹威提出了基于EVA的价值管理会计整合框架，他们认为与会计利润指标相比，EVA不仅考虑了对股权资本成本的补偿，而且通过一系列会计调整纠正了会计准则性失真的现象，是股东价值的最佳代表。① 李笑南研究发现，基于EVA的企业价值管理体系构建，能够提高企业管理层价值观念，使企业发展以价值为导向，更好地处理委托代理问题，对企业价值管理意义重大。② 在实证研究方面，王化成等选取了1999～2001年涉及12个行业的890家公司采用水平与变化模型进行研究，发现在相对信息含量方面，EVA与传统收益指标相比并没有表现出较优的特性；在增量信息含量方面，EVA的特殊构成部分（税后净营业利润、资金成本和会计调整项）显示了一定的增量信息，但与传统收益指标的构成部分（现金流量和应计项）相比较，这种增量效应不是十分显著。③ 戴德明等对1998～2001年国内326家公司进行了研究，并得出结论：EVA的价值相关性高于传统的收益指标（净利润、营业利润、每股收益、经营活动现金流量等）的价值相关性④；EVA相对于会计收益指标具有信息增量。池国华等以2010～2012年上海证券交易所、深圳证券交易所A股国有上市公司为样本，研究发现EVA考核对企业价值提升有显著的促进作用，进一步研究发现，EVA考核主要通过抑制管理层过度投资来提升企业价值。⑤ 何威风和刘巍认为，EVA不仅仅是一种管理者业绩评价方法，更是促使管理者有效使用资本和为股东创造价值的程序理性与结果理性有机结合的激励机制，研究发现，EVA业绩评价制度显著

① 池国华、邹威：《基于EVA的价值管理会计整合框架——一种系统性与针对性视角的探索》，载于《会计研究》2015年第12期，第38～44页。

② 李笑南：《基于EVA的企业价值管理体系研究》，载于《管理世界》2016年第8期，第182～183页。

③ 王化成、刘俊勇：《企业业绩评价模式研究——兼论中国企业业绩评价模式选择》，载于《管理世界》2004年第4期，第82～91页。

④ 戴德明、王艳：《经济增加值与传统指标的价值相关性研究》，载于《会计论坛》2004年第1期，第1～13页。

⑤ 池国华、王志、杨金：《EVA考核提升了企业价值吗？——来自中国国有上市公司的经验证据》，载于《会计研究》2013年第11期，第60～66页。

提高了企业价值。[①] 尽管实证研究的结论存在不一致，但国内研究结论大多验证了 EVA 总体上解释力强于传统指标（吕一凡，2000；乔华、张双权，2001；李亚辉，2004；孔军华，2007）；经济收益 EVA 与企业价值相关程度较高（孙铮、李增泉，2001；王喜刚等，2003；杨秀雷，2008；张旭，2010）。

（三）基于财务和非财务相整合的企业价值管理模式

随着企业环境以及企业组织自身的变化，技术和人力资本被视为推动价值增长的关键因素，企业价值管理工具经历了深刻的变革，即从以财务指标为核心的财务业绩评价时期进入了全新的综合业绩评价时期。也就是说，除财务指标外，企业的发展还需关注反映企业未来盈利的潜在战略性指标，围绕顾客、内部经营过程、学习和成长等多个方面来分头进行，否则整个企业将丧失这种“特殊资本”所带来的潜在协同收益。以传统的委托—代理理论（Holmstrom，1979；Grossman and Hart，1983）为基础，布尔（Bull，1987）率先建立了研究非财务指标的业绩评价和奖励的分析性模型。之后，逐步形成了基于委托代理理论的非财务业绩评价分析模型（Macleod et al.，1998；Baker et al.，1994；Prendergast and Topel，1996；MacLeod and Parent，1999；MacLeod，2003；Levin，2003）。卡普兰和诺顿（Kaplan and Norton，1992）创造性地将企业价值创造的驱动因素从财务层面延伸至非财务的客户层面、内部流程层面和员工的学习与成长层面，构造了一个因果相连、富有逻辑的企业价值管理的平衡计分模式，即“企业价值 = 产品/服务 + 形象/声誉 + 客户关系”。随后这一模式被推向全面的实践应用（Kaplan and Norton，1993），并与企业的战略管理相融合（Kaplan and Norton，1996）。企业的总体价值来自两个层面：一个是公司层面创造的价值；另一个是业务层面创造的价值。这一整合模式可以很好地将基于现金流或利润的财务性质的价值管理模式整合进自己的体系（Fletcher and Smith，2004；刘运国、陈国菲，2007），同时可以与作业成本法（Maiga and Jacobs，2003）、业务流程再造（Wang and Wu，2006）和企业资源计划（Fang and Lin，2006）等其他价值管理工具紧密结合。近年来，平衡计分卡的运用越来越广泛，包括国有、非国有企业，医院高校等事业单位，近年来更是深入到政府绩效评价中。

---

① 何威风、刘巍：《EVA 业绩评价与企业风险承担 EVA 业绩评价与企业风险承担》，载于《中国软科学》2017 年第 6 期，第 99 ~ 116 页。

马乃云和侯倩将平衡计分卡方法引入财政科技经费的绩效评价中，建立了财政科技投入的绩效评价体系，并运用层次分析法设置各个绩效评价指标的权重，评价财政科技经费投入产出的绩效。[①] 延续财务与非财务相整合的价值管理思路，汤谷良和林长泉构造了一个联系战略规划—战略控制—战略评价的价值管理模式，他们认为公司战略规划应该以“目标—战略—财务管理”为价值模型，从公司财务治理、战略业务单元（SBU）与流程来设计价值组织与流程，根据自由现金流（FCF）折现模型的关注重点分析关键价值驱动因素（KVD），并通过全面预算体系、价值报告和价值控制实施战略控制，最后形成具有战略性、整体性、行为导向的战略评价体系，保障企业实现价值最大化目标。[②] 杜胜利从首席财务官（CFO）的角度构造了包括战略计划管理者、资源价值管理者、流程系统管理者、业绩评价管理者、公司控制管理者五大角色板块在内的价值管理系统框架。[③] 王化成和刘俊勇基于战略目标、组织结构、全面预算管理和激励机制四个方面的因素分析，他们认为以财务指标作为企业目标只是企业追求的结果，它并不能告诉管理者如何来影响结果，而实现这一结果的过程就是企业的战略，对于过程或手段的动因分析更多的是依靠非财务指标，最后他们得出中国企业更应倾向于选择引入了非财务指标的平衡价值管理模式的结论[④]。王平心和吴清华（2005）将作业基础管理与基于价值的管理相结合，构建了“作业—作业链—价值链—价值管理”的基于作业的价值管理（AVBM）模式。

也有一些学者对非财务指标比财务指标更能揭示企业未来业绩动因的观点进行了验证。从客户满意度指标来看，相关研究发现客户满意度指标与企业未来业绩、现时市场价值存在正相关关系，同时还发现客户满意度指标具有领先指标的作用（Ittner and Larcker，1998；Behn and Riley，1998；Banker，2000），但他们并没有发现客户满意度与企业未来业绩存在线性关系，在较高水平上客户满意度的业绩效应并不明显。就供应商与客户关系指标来看，帕特多卡斯（Patatoukas）研究发现集中的客户关系有助于提高公司资产的利用率，从而降低

① 马乃云、侯倩：《基于平衡计分卡方法的财政科技经费绩效评价体系研究》，载于《中国软科学》2016 年第 10 期，第 184 ~ 192 页。

② 汤谷良、林长泉：《打造 VBM 框架下的价值型财务管理模式》，载于《会计研究》2003 年第 12 期，第 23 ~ 27 页。

③ 杜胜利：《构建 CFO 管理模型及其价值管理系统框架》，载于《会计研究》2004 年第 6 期，第 75 ~ 81 页。

④ 王化成、刘俊勇：《企业业绩评价模式研究——兼论中国企业业绩评价模式选择》，载于《管理世界》2004 年第 4 期，第 82 ~ 91 页。

营运费用，使公司的绩效提升。[①] 陈正林、王彧研究发现，转型中的中国制造业企业通过在社会关系网络的基础上建立合作的供应商—客户关系，进而提高供应商的业绩，特别是市场竞争力弱的企业。[②] 泰勒（Tayler，2010）提出，当平衡计分卡方法作为一种战略管理的工具置于企业价值因果链中，而非仅仅用作企业绩效考核指标时，有助于管理者树立使命感和责任感从而积极主动地为企业创造价值，换句话说，平衡计分卡不再被划分为相互独立的四个层面，而是一个战略的、全面的管理架构。梁敏和刘文红借鉴平衡计分卡的绩效评价思想，构建了以管理绩效、经济绩效和社会绩效为核心的企业重灾捐赠绩效评价指标体系，使企业慈善捐赠创造更大的价值。[③]

第五节 本章小结

随着企业这一社会经济细胞逐渐成长进化，商业模式设计与价值管理越来越受到企业领导者的关注。然而，传统的商业模式与价值管理理论并没有深入揭示企业价值创造的源动力，也没有显现企业价值创造过程中结构化程序的独立价值。本书认为，企业商业模式设计和价值管理系统的研究应该关注两个基础性的问题：企业价值创造的源动力是什么？企业如何对源动力进行程序梳理？

企业往往被视为一种计划秩序的载体，然而随着企业的有机成长，其内部层级式计划秩序的局限性会越来越突出，而那种基于每个组织成员的利己心，通过自发的试错过程和分散化的竞争性方式的组织行为将逐步体现出自身的优越性。鉴于此，本书认为，企业应该探求一种适应性的商业模式设计逻辑，构建一个自下而上的基于自发秩序的企业价值管理路径。当现代企业在一个复杂系统中有机成长时，传统意义上的市场自发秩序力量将从企业内部唤起并主导

① Patatoukas P. N. . Customer – Base Concentration：Implications for Firm Performance and Capital Markets. *Accounting Review*，2012，87（2）：363 – 392.

② 陈正林、王彧：《供应链集成影响上市公司财务绩效的实证研究》，载于《会计研究》2014 年第 2 期，第 49 ~ 56 页。

③ 梁敏、刘文红：《基于平衡计分卡的企业重灾捐赠绩效评价研究》，载于《科研管理》2018 年第 S1 期，第 31 ~ 36 页。

企业的决策行为，这其实就是企业价值创造的源动力。这一自发秩序力量难以被精确的计划设计，它需要一种敏捷且权变的商业模式和管理系统对其进行有效疏导。一旦企业的模式设计和程序管理没有很好地容纳这一自发秩序力量对企业价值创造的基础性贡献，企业运营将陷入一种混乱和冲突，这将表现为一种无序状态。

西蒙（1978）认为，在存在不确定性的环境下，只能依靠运用某一理性的程序来减少未来不确定性的程度。任何企业面临的经营环境都充满了不确定性，因而对业绩结果的改进都将难以一步企及，而通过结构化的模式迭代和流程管理则能够提供持续的基础保证。企业经营的业绩结果往往只能决定着人们的注意力，而一个恰当的模式设计和价值管理范式则能够保证企业各利益相关方对这一经营结果的尊崇，它往往能在组织面临不确定的内外环境时给予行为人一个明确的行动结构。与此同时，程序性的活动能够向第三方彰显管理者的能力（Feldman and March，1981）。鉴于此，本书认为，企业的商业模式设计和价值管理系统一旦基于自发秩序基础并从程序理性的思想切入，就无须计较企业价值创造结果用何种业绩指标（现金流、经济利润、平衡计分卡加权分数或其他非财务指标）进行计量，对商业模式设计和价值管理程序质量的保证也即对结果质量的认同。

第二章
商业模式设计与价值管理的自发秩序基础

第一节　秩序的分类及自发秩序思想的演进

一、计划秩序与自发秩序

秩序是指符合可识别模式的重复事件或行为（柯武刚、史漫飞，2000）。当有人计划出一个严密的交往模式并依靠权威通过指令从上而下强制执行该模式时，将会导致一种计划秩序；而当行为主体以一种自发的方式遵循共同规则时，就会形成一种自发秩序。前者主张一种只有经强制方能有效的模式，后者则主张试错程序。

从秩序的角度对西方自由主义经济理论进行区分，可以发现两种对立的传统：一种为建构理性主义传统，即计划秩序传统。它基于每个个人都倾向于理性行动和个人生而具有智识与善的假设，认为理性具有至上的地位，某个权威能够有意识地控制和指导其他个人的所有行为，个人只不过是整个社会生活这样一个大棋盘中的一个棋子，在所有细节上需要而且应该接受权威的指令。计划秩序认为自由放任会导致自由的丧失，人类所有的制度都是权威有意识地设计或发明的产物，即“所有的社会制度都是，而且应当是，审慎思考之设计的产物”①。

与构建理性主义传统相对立的则是演进理性主义，或自发秩序传统，它基于人类的理性并非万能，那种认为理性能够成为其自身的主宰并能控制其自身的发展的信念，却有可能摧毁理性。从某种意义上说，对理性的运用最为棘手的工作就是发现理性的限度，否则就会陷入“致命的自负”②。所以演进理性主义对人的理性之局限性有清醒的认识，反对任何形式的对理性的滥用。他们认

① 哈耶克著，邓正来译：《自由秩序原理》，生活·读书·新知三联书店 1997 年版，第 15 页。
② 哈耶克著，刘戟锋等译：《致命的自负》，东方出版社 1991 年版，第 71 页。

为，只有在累积性进化的框架内，个人的理性才能得到发展并成功地发挥作用。在恰当的规则约束下，每个人自发的行动选择，追求自身利益，便可促成社会制度和经济秩序的生成以及社会公共利益的增进。

由此可见，以上两类秩序观，一派主张教条式的周全规划，即直接凭借外部权威，依靠指令来计划和建立秩序以实现一个共同目标；而另一派则主张有机的、缓进的和并不完全意识的发展，即因各种主体都服从共同承认的规则，间接地以自发自愿的方式进行。

这两种传统的差异根源于对人类理性的作用认识不同。自发秩序传统所反对的不是理性和制度设计本身，而是那些忽略人类知识和理性局限性的“建构理性主义”。他们并不是要放弃理性，而是意识到理性的不可靠，意识到与试错、竞争相伴随的规则体系的重要性。因此，他们所主张的其实是要对理性得到确定控制的领域进行理性考察，人们对于他们自以为能够加以设计的事情，其实所知甚少。

二、自发秩序思想的演进

针对以上两类不同的秩序观念，自发的秩序思想长期以来被我们所漠视，因为我们如此信仰有计划的有序化过程，所以，自发的有序化过程总是难以被理解和接受，并常常替代性地设想一个起引导作用的有形之手将有序化过程缩减为一种较简单且容易领会的有计划操作。这源于人们可能更偏好简单、有形和稳定的因果关系，并因此对“自生自发”的解释感到不舒服。

然而，社会的前进由自发秩序的力量所推动，包括惯例、规则、制度甚至企业在内的人类秩序，都并非是由于人们理性地预见到其利益而谨慎设计的，而是不同的行为主体在追求各自的目标时不经意的结果，即它们都是人类行动而非设计的结果。进一步地，我们认为，不但社会秩序遵循着一种自发的力量，而且企业自身运作所体现出来的商业模式与价值管理也遵循着类似的自发力量，用现代企业理论的观点来看，企业只不过是对市场的一种替代。在深入企业之前，先一览自发秩序的演进历程。

（一）曼德维尔："私人的罪恶"与自发秩序

尽管人们认为自发秩序传统的思想源流在16世纪经院哲学派的经济学家中就可见端倪，但第一个系统地说明自发秩序的经济学家是曼德维尔（巴利，1999）。在他的《蜜蜂的寓言》一书中，曼德维尔提出了一个著名的悖论：私人的罪恶产生公共利益。他认为，人性在本质上是冲动和自私的，而非具备公共精神和完全理性。人类行为，不论是出自生命自保的冲动，抑或是为个人荣誉而产生的善举，其动机都发端于利己心。虽然人人都出于利己心行事，但一切美德都起源于这种利己心，社会经济的健康发展和运行也有赖于它，甚至"芸芸众生中的首恶，亦有襄助公益的善举"①。

曼德维尔认为，在复杂的社会秩序中，人们的行为结果同他们所设想的非常不同，个人在追求自己的目标时，无论是出于自私还是利他，都可能会产生一些他们并未预料甚至一无所知的对他人有益的结果。正是在构想这个论点的过程中，他第一次完整地提出了有序的社会结构——法律和道德、语言、市场、货币以及技术知识的发展——自生自发的经典模式。②

（二）斯密："看不见的手"与自发秩序

斯密的政治经济学研究对象是国民财富问题，其中心在于探讨一种能以有利于他人的方式引导我们的自利心从而促进国民财富增长的制度框架。这一思想继承了曼德维尔和休谟等苏格兰启蒙思想家对理性局限性的认识。在《国富论》中，斯密第一次把逐利的个人如何导致整个社会财富增长的社会经济机制进行了经济学证明。

他认为，当与和我们关系较密切的人交往时，同情和仁爱之心会发挥更重要的作用，而随着社会交往范围的扩大，依靠利己心为动力以达到较好的非出自本意的结果之需要会不断增加。正是在这个意义上，个人利益是人们从事经济活动的根本动力。在一个复杂的、扩展的社会秩序中，人们不能依赖别人的

---

① 埃德蒙·惠特克：《经济思想流派》，上海人民出版社1974年版，第130~132页。

② 例如他对劳动分工的经典解释："我们常常把它归于人类的才智，把它堪称人类洞察力的深化，而实际上，它应归于时间的延续，以及许多人的经验，他们中所有的人在天赋才能和精明上没有多大差异。"（哈耶克，1991）他指出，法律不是由某个聪明的立法者设计，而是在漫长的试错过程中成长的。

恩惠，而应该说服别人来做我们所希望的，也即要借助于他的利己心来为自己的利益服务。这样，分工就成为必须，它是经济活动的基础，也是文明社会最可行的一种方式。

在劳动分工这一过程中，“每个人追求自己的利益会促成社会总利益的实现，另一方面，个人只有在为他人利益服务的情况下才可能实现自己的私利。这样，个人利益和社会利益就会达到和谐。对于个人而言，他通常既不打算促进公共的利益，也不知道是在什么程度上促进那种利益……他只是盘算他自己的安全，由于他管理产业的方式目的在于使其生产物的价值能达到最大程度，他所盘算的也只是他自己的利益。在这种场合，像在其他许多场合一样，他受着一只看不见的手的指导，去尽力达到一个并非他本意想要达到的目的。也并不因为事非出于本意，就对社会有害。他追求自己的利益往往使他能比在真正出于本意的情况下更有效地促进社会的利益”①。

在斯密眼中，这只看不见的手②就是市场，这是一种自发的秩序，市场体系的自我调节特征并不是一种设计的产物，而是价格机制的一种自发结果。不过，斯密并不认为“看不见的手”在所有情况下都能给社会带来好处，相反，将自利心引导向有利于社会的方面只能在适当的竞争和恰当的规则下才能发生。

（三）哈耶克："知识分工"与自发秩序

作为自发秩序思想的集大成者，哈耶克对自发秩序传统的一大贡献是他强调了人类在有意识地设计和指导我们的制度和产出方面具有不可避免的认识局限。哈耶克对知识问题的探索终其一生，认为知识问题应该是经济学的中心问题，并进而在“劳动分工”的思想基础之上提出了最具原创力的“知识分工”问题。③

---

① 亚当·斯密著，郭大力等译：《国民财富的性质和原因的研究》（下卷），商务印书馆1997年版，第27页。

② 哈耶克认为，斯密的这一思想源自孟德斯鸠《论法的精神》一书，英国经济思想家惠特克则认为，“看不见的手”的思想直接导源于曼德维尔《蜜蜂的寓言》一书，但也有学者认为该思想与休谟的相关论述惊人的相似（宫敬才，1996）。

③ 从自发秩序传统的历史进程来看，在斯密和哈耶克之间还有一位重要的人物——门格尔，他的理论始于个人主观评价，而终于以“社会的”形式表现出来的制度。这些制度具有有效整合社会的功能，由此形成的社会秩序实质上是各个人之间彼此适应的结果。他强调，这种自发力量极为复杂，且复杂多变是它的本质特征。它的产生，虽与个人追求自己利益的分散行为有关，但绝不是人类的智慧所能替代或设计出来的。赫维茨（Horwitz，1999）认为，门格尔将斯密对经济进步集中于分工的讨论引向对（分散的）知识的更广泛的讨论，在斯密与哈耶克之间架起了一座桥梁。

哈耶克认为知识有不同的类型，通常人们只关注所谓的“科学知识”，而忽视了那种对决策非常重要，但未能被有效整合的与特定的人有关系的“相关的知识”，或一种为不同的个人分散拥有的“分立的个人知识”。但正是在这方面，每个人实际上都对所有其他人来说具有某种比较优势，因为每个人都掌握可以利用的独一无二的信息，而基于这种信息的决策只有由每个个人做出，或由他积极参与做出，这种信息才可以被利用。在哈耶克看来，经济学的核心问题是“存在于不同的人头脑中的零星知识的混合，怎样才能造成这样的结果，即如果人们蓄意要造成这种结果，则需要一种不可能由单个的人所拥有的而表现为指导思想的知识”①。建立合理的经济秩序所依赖的知识，“从未以集中的或完整的形式存在，而只是以不全面而且是时常矛盾的形式为各自独立的个人所掌握”②。

如果说社会经济问题主要是适应具体时间和地点情况的变化问题，那么最终的决策必须要由那些熟悉这些具体情况并直接了解有关变化以及可以获得应付这些变化的资源的人来做出。单个头脑或中央机构是无法胜任这种“知识任务”的，能够解决这个问题的机制就是市场“价格机制”。“价格体系的最主要特点是，其运转所需的知识很经济，也就是说，参与这个体系的个人只需要掌握很少信息便能采取正确的行动。最关键的信息只是以最简短的形式，通过某种符号来传递的，而且只传递给有关的个人。”③ 但是，这种机制并不是人类精心设计的产物，它是一种人类偶然发现的、未经理解就学会利用的体系，受其引导的人们通常也不知道自己为何会如此行事。

在这种认识论的基础上，哈耶克明确提出了“自生自发秩序”概念。所谓自生自发秩序，就是那些追求自己目的的个人之间自发生成的一种秩序，它是人类行动的结果，但不是人类有意识设计的结果。

自发秩序的最大益处在于，它为每个人利用自己的知识提供了一个有益的制度空间。“从整体上讲，任何一个个人对于所有其他社会成员所知道的绝大多数事实都处于一种无知的状态，但是，据以发现和改善这一点的唯一途径便是一种社会过程，而在这个过程中，每个人都可以自由地去尝试和发现他自己所

---

① 哈耶克著，贾湛等译：《个人主义与经济秩序》，北京经济学院出版社 1991 年版，第 52 页。
② 哈耶克著，贾湛等译：《个人主义与经济秩序》，北京经济学院出版社 1991 年版，第 74 页。
③ 哈耶克著，贾湛等译：《个人主义与经济秩序》，北京经济学院出版社 1991 年版，第 82 页。

能够做的事情。”[①] 简言之，由于无知，我们必然要在互动合作的社会过程中生活，并且可由此享有更多自由。所以拥有分立知识的个人，应该通过一种社会的自发机制才能够实现更有效的知识运用，它往往比刻意控制能够带来更好的结果。

由此很自然地引申出，知识的发现依靠一种互动合作的社会过程，这就是竞争。哈耶克指出，竞争是一个发现知识的机制，不利用竞争，这些知识将不为任何人所知，或至少是得不到有效利用。在竞争过程中，规则起到了重要的作用，规则是创造秩序的一种手段，而秩序也在竞争中被展现。在竞争中会形成自发的秩序是因为个人对一个控制其行为的规则系统做出了反应。[②]

针对规则问题，哈耶克认为：“在个人的行为中，并不是每一种常规性都一定会产生整体秩序。此外，显而易见的，某些支配个人行动的规则，还会使一种整体秩序的形成成为完全不可能的事情。因此，我们的问题在于，何种行为规则会产生一种社会秩序，而特定的规则又会产生何种秩序。”[③] 由此，哈耶克阐明了这样一个基本的认识：“只有当个人所遵循的是那些会产生一种整体秩序的规则的时候，个人对特定情势所作的应对才会产生一种整体秩序。”[④]而能够生成整体性自发秩序的规则，应该是那些经自然选择而储存下来的。[⑤] “因此，只有当那些引导个人以一种使社会生活成为可能的方式行事的规则是经由选择的过程而演化出来的时候，社会才能存在。”[⑥]换言之，必须是经过长期的演化和人类社会生活证明的那些对生成社会秩序有助益的规则，才是我们应采用的规则。

如果说主流经济学的模型是把竞争性市场看成一台计算机，那么，以哈耶克为代表的现代奥地利学派则是把市场看成是某种收集分散在整个经济中的大量知识的社会工具，竞争就是发现和传播知识的一个过程。那些在一般均衡模型中假设成已知的东西，恰恰都是需要经过竞争过程来发现的。竞争和知识存

---

① Hayek. The Nature and History of the Problem, In F. A. Hayek, *Individualism and Economic Order*, Chicago University of Chicago Press, 1948: 16.

② 规则以及基于规则的行动是所有我们已知人类社会的主要特征。人类行动以规则为基础组织起来，这些规则组合、创建并维持了社会系统。规则作为协调和控制之主要工具的地位在法律和管理的理论中有所反映（Brennan and Buchanan, 1985）。

③④⑥ Hayek. *Law, Legislation and Liberty: Rules and Order*, University of Chicago Press, 1973: 44-45.

⑤ 规则其实是组织的记忆装置，是组织经验的储藏所，是知识的携带者，今天的规则往往是昨日问题的解决方式。依历史依赖性（History-dependent）规则的观点来看，历史经验系统化地消除了不适合个体社群的规则。在一种最为极端的形式中，这种观点认为存在一个有效的历史。有效的规则史是这样一种历史，它能够迅速塑造一个规则群，从而形成一组能够使参与者共同利益最优化的规则（马奇、舒尔茨，2005）。

在一种相互依赖的关系，而这样一个发现过程需要依赖一套自然选择的规则系统。

第二节 从市场到企业的自发秩序的传承

奥德里斯科尔（G. P. O'Driscoll）认为，自生自发秩序（更确切地可以称为非设计的秩序）原则，可以被视为经济学的第一原则，而布坎南晚年更是认为自生自发秩序是经济学的唯一原则。同时他主张把自生自发秩序与个人利益追求相联系，认为自生自发秩序亦可以在更广大的社会领域中得到适用。① 沿着这样一条路径，我们认为企业的商业模式与价值管理也应该遵循自发秩序的力量，只不过长期以来，一种设计秩序的外衣掩盖了其自发秩序的实质。②

一、企业对市场的替代

科斯（1937）是第一个按照市场价格机制下交易费用的方法研究企业（以权力为特征）存在合理性的人。对他来说，市场和企业是资源配置的两种可互相替代的手段。它们之间的不同在于：在市场上，资源的配置由非人格化的价格来调节；而在企业内，相同的工作则通过权威关系来完成。两者之间的选择依赖于市场定价的成本与企业内官僚组织的成本之间的平衡关系。企业之所以出现，是因为权威关系能大量减少需分散定价的交易数目；而通过价格机制组织生产的最明显的成本，是发现相关价格所需耗费的资源。张五常（1983）提出了一个关于企业性质的更透彻的解释，从而改进和发展了科斯的企业理论。对张五常来说，企业与市场的不同只是一个程度问题，是契约安排的两种不同

① 哈耶克著，邓正来译：《自由秩序原理》，生活·读书·新知三联书店1997年版，第8页。

② 在这一点上，即使哈耶克也将企业运作界定为经典意义上的计划秩序（参见哈耶克著：《自由秩序原理》，生活·读书·新知三联书店1997年版，第16~20页），但笔者对此持不同观点。

形式而已。企业是在下述情况下出现的：私有要素的所有者按合约将要素使用权转让给代理者以获取收入；在此合约中，要素所有者必须遵守某些外来的指挥，而不再靠频频计较他也参与其间的多种活动的市场价格来决定自己的行为。企业并非为取代“市场”而设立，而仅仅是用要素市场取代产品市场，或者说是“一种合约取代另一种合约”。市场的交易对象是产品或商品，而“企业交易”的对象则是生产要素，这样一来，企业可能把机会主义从产品市场带到要素市场上来。

企业是对市场的一种替代，这一观点无疑是深刻的。但需要明确的是，不同的“市场”（要素市场与产品市场）被相互取代，但同源的秩序却被传承。企业的经营，包括商业模式的演化和价值管理的行动也应该具有与市场同源的自发秩序的特征。

现代企业本质上已经不再是一个简单的“黑匣子”，而是需要时刻根据外部环境的不确定性做出自适应调整的一个复杂且开放的系统。在这样的一个系统中，制订计划并建立秩序的领导者在认识上的局限性很容易成为一个瓶颈。[①] 在一个复杂的环境中，如在协调内外部资源重构商业模式和调整管理活动时，来自单一权威的计划协调必然因难以克服的知识问题而举棋不定。然而，在尝试计划秩序的场合，计划者必须自称他们拥有着使其能强加一种秩序的知识。这就忽略了构成真实世界的知识和欲望所具有的丰富多样性，不利于组织中所有多种多样的成员。从哈耶克的观点来看，在面对复杂性时坚持层级式有序化的做法，其实质就是“构建理性主义”，自发秩序要比等级结构组织能够更好地运用广为分散的实践性知识。这一点往往被企业领导者在进行模式设计和价值管理时所忽视。

二、企业与市场的秩序共性

企业内官僚组织的层级结构特征往往使其被界定为一种依靠指令从上而下强制执行的计划秩序，然而，今天的企业已经越来越趋向于一种复杂且开放的

① 柯武刚、史漫飞著，韩朝华译：《制度经济学》，商务印书馆 2000 年版，第 175 页。

系统，组织结构扁平化的潮流对层级式的传统模式提出了巨大的挑战。

在一个层级结构中协调人类活动对下列条件提出了很高的要求[①]：第一，知识的可用性和领导者协调各种活动以获取有关信息的能力；第二，领导者领会、运用和交流这类信息的能力；第三，领导者激励各类主体努力工作并监督其表现的能力；第四，被协调的追随者理解指令并愿意服从这些指令。如果被协调的组织是复杂的、大型的，那么这种自上而下的指令就常常会被扭曲和漏失。在缺乏服从动力时，单纯的命令是得不到服从的。那时，就不得不以惩罚作为动力机制。因此，计划秩序不得不伴随着对权力的强制运用。这样，计划秩序总会限制自由，而这又会对权威提出另外的认识要求：在他们能够惩罚违规者之前，必须能够先发现违规行为。当众多的人在相互交往，且有许多人积极努力地进行伪装和掩饰其真实行为时，简言之，当委托—代理问题四处蔓延时，发现违规行为绝非易事。在环境发生变化、需要新的办法时，层级式计划秩序的局限性会变得极其突出。靠源自每个参与者的利己心，通过自发的试错过程和以分散化的竞争性方式寻找新办法会具有巨大的优越性。从这个角度看，企业与其一味地寻求一种优良的计划秩序的产生路径，倒不如从每个人的利己心出发，探求一种自下而上的基于自发秩序的成长路径，在这一点上，企业与市场其实具有相当程度的秩序共性。

（一）产生方式

市场所具备的自发秩序乃是在那些追求自己目的的个人之间自发生成的，而这意味着任何个人都不能清楚地知道他的行动与其他人的行动相结合会产生什么结果，诚如哈耶克所说："在各种人际关系中，一系列具有明确目的的制度的生成，是极其复杂但却条理井然的，然而这既不是设计的结果，也不是发明的结果，而是产生于诸多并未明确意识到其所作所为会有如此结果的人的各自行动。"[②] 用更简洁的话说，它们是人之行动的非意图的后果，而非人之设计的结果。

企业也是由逐利的个人所组成。个人之所以加入组织，一定是为了完成一些作为个人完成不了的事情，否则他就单干了。因此，每个人都是带着私心加

① 柯武刚、史漫飞著，韩朝华译：《制度经济学》，商务印书馆2000年版，第174页。
② 哈耶克著，邓正来译：《自由秩序原理》，生活·读书·新知三联书店1997年版，第17页。

入一个组织的。他同样会受到“无形之手”的力量牵引，在各自私利的驱使下协调他们的行动以相互受益，并依靠竞争力量实现企业最终的有序化。

从这个意义上说，企业的商业模式形成与价值管理流程其实也是人之行动的非意图的结果，其产生是为了相对于市场能够更好地完成个人的目标。正是从这个角度，我们可以更透彻地理解为何企业仅仅只是对市场的一种替代。

（二）协调手段

哈耶克认为，导向自生自发秩序的协调和谐，必定涉及一般性规则的问题，如果要达到市场的自我协调，那么参与者就必须共有某些规则并严格遵循这些行为规则，诚如哈耶克所指出的，自生自发秩序的型构，乃是这些秩序的要素在回应它们的即时环境时遵循某些规则的结果。自生自发秩序所特有的行为规则允许参与者在这个限度内自由地根据他们自己的计划，选择和决定他们的活动。

在企业组织中，内部的协调合作也不再仅仅是一种命令与服从的等级关系。在传统的组织理论中，权威上位说占统治地位，由上级移交给管理者的权限是固有的，因此假定下属肯定服从命令。在良好的组织中，因为命令大部分都被执行，所以看上去权威上位说是正确的。但是，如果上级权威没有被下属接受，那么权威就成为空泛的东西。而权威容纳说是权威只有被下属接受才发挥作用，即权威的根源在于下属的接受。①

其实，权威上位说的成立是有其前提条件的：首先，命令如果是能够理解的东西；其次，和组织目的不矛盾；再次，可以和个人利益并存；最后，在精神上和肉体上有实行的可能。只有满足这些条件，那么通常个人才会接受这个命令。这样一来，仅看到上位权威能够表面上稳定地起作用，那只不过是“上位权威的虚构”而已。当然，权威本身并不是虚构，但如果用这个权威发出了不合时宜的命令，那么个人就可以发动否决权（饭野春树，2000）。

也正是从这样一个视角，我们认为，企业运作的计划秩序观点也是一种虚

① 巴纳德认为，权威是具有沟通的东西。权威的接受在很大的程度上是个动机问题。个人是否决定参加组织，是否决定参加后努力工作，最终说来要依赖于从中得到的利益和蒙受的损失间的平衡。人在认为有正面效益时才会接受权威（参见饭野春树著，王利平等译：《巴纳德组织理论研究》，生活·读书·新知三联书店2004年版，第32页）。

构，当计划的指令没有被自发的秩序所容纳时，企业管理也将陷入一种混乱。所以当今天的企业越来越呈现出一种复杂且开放的态势时，不应该期望有指令和计划能够详尽地规定每个成员抑或是组织的具体活动。人类智识远不足以领会复杂人类社会的所有细节，我们没有充分的理由来细致入微地安排这样一种迫使我们满足于抽象规则的秩序（Hayek，1967）。而当组织被认为包含了各种不一致利益时，规则就可以被认为是约束参与者的协商性契约（Nelson and Winter，1982），在这一点上，企业和市场是有共性的，“无形之手”在两者身上都通过被自发遵守的规则发挥作用，这既体现在商业模式的塑造上，也体现在价值管理的活动中。

（三）目标设定

自生自发秩序为不同的个人实现其各自的目的提供了有助益的条件。在一个好的规则体系中，每个人在其利己心的驱使下通过竞争行动往往就会达致一种公众利益，这一洞见传承自早期的曼德维尔等苏格兰启蒙思想家，集大成于20世纪的哈耶克。我们认为，这一观念不但适于市场机制，也适于企业运作。

在相对简单的系统中，由权威机构根据预先策划好的计划，然后通过自上而下的命令来协调有目的的组织和合作可以相当有效。但协调任务变得越复杂，自发的有序化就可能越有优越性。当系统面临不可预见的演化时，更是如此，它可以通过一个自适应系统来应对未来的不确定性。①

哈耶克（Hayek，1967）指出：“面对新的不可预见的生活环境，需要有抽象规则来协调持续性的行动。对于具体情境中许多不同个人的行动，就更需要有这种规则加以协调。”无论是企业抑或是市场，规则引导竞争，竞争生发秩序，“个人行为所遵循的抽象规则与抽象的整体秩序之间，存在因果关系，并且在个人对当下具体情势作出回应时，受抽象规则限制，才使整体秩序得以生成”（Hayek，1967）。在竞争的过程当中，一个系统（或者说组织）的目标其实是由系统（或者组织）内竞争活动的参与者自发选择的结果。系统（或者说组织）的目标应该是内生的，而不是外在强加的，更不是其呼声中所显露的。目标的

① 在所有这些自发的有序化过程中，各个组成部分可以都是相对平等的，并且都服从着同样的规则，没有一个主体作为指挥他人的绝对权威而行动。这其实就是企业组织结构扁平化的优势所在，这一扁平化的过程就是企业向市场学习的一种反应，因为市场是绝对扁平化的结构。

设定既要符合参与者个人的利益，也要符合组织的利益，同时也不应该违背社会利益。[①] 唯有如此，企业在构建商业模式和进行价值管理时所设定的目标才具有可持续性，才符合效率和正义。

第三节 商业模式设计与价值管理的秩序内涵

当现代企业越来越多地趋向于一个开放性的复杂系统时，经典意义上的市场自发秩序力量将从企业内部唤起并主导企业内部的秩序。企业的商业模式和价值管理可以理解为企业的利益相关者以其所投资的相关资源为基础，依据相应的行为规则，构建交易结构，进行价值创造的活动。我们认为，理解企业商业模式和价值管理的内涵需要注意以下几个方面的问题。

一、商业模式设计与价值管理活动的自生自发

企业的商业模式设计和价值管理活动的核心理念就在于它们自生自发的本质属性。自利的企业组织成员和相关的外部投资方，通过缔结契约，构造委托代理链，形成“一个难以被市场复制的专用性投资的网络”（Zingales，1997），其目的是创造合作剩余。在企业这样一个创造合作剩余的流程机制中，每一个参与方都不具备足够的知识来细致入微地计划企业的整体营运拟达到最终的设计目标。一个更合理的途径是通过当事人在既定规则的约束下，依靠一种自发的有序化力量，借助一个竞争性的程序，获得一个利己又利他的价值创造结果。由此可见，企业的商业模式设计和价值管理系统是一个复杂到难以被个体权威全面设计或控制的产物，它必须顺应那样一种自生自发的有序化力量的推进才

① 巴纳德指出，组织应遵守的重要准则是有效性、效率性和道德性。有效性是组织目的的完成程度，效率性是个人满足的充足程度，而道德性则主要强调了组织的社会性（参见饭野春树著，王利平等译：《巴纳德组织理论研究》，生活·读书·新知三联书店2004年版，第96~98页）。

能够得以最终实现。①

二、商业模式设计与价值管理活动的程序与结果属性

企业的商业模式设计和价值管理活动不应该结果至上，对它们的优化难以一步企及，只有通过结构化的管理程序才是达到良好业绩结果的有效且稳定的保证。从某种意义上说，企业的业绩结果决定了人们的注意力，而一个恰当的竞争性程序能够保证参与人对利益结果的尊崇。富勒指出："如果期望某一制约人们活动的规则体系的运作有效，且又能始终与其宗旨相符的话，程序是必不可缺的。"② 它时常能在面临外部的不确定性时给予行为人一个明确的行动结构。这也是我们会用统一的程序范式来驾驭商业模式设计和价值管理活动的初衷。

三、商业模式设计与价值管理活动的规则基础

企业进行商业模式设计和价值管理活动的自生自发性并不必然导致其基础规则的自生自发。哈耶克曾明确指出，"毋庸置疑，一种秩序之所以最初是以自发的方式形成的，乃是因为个人所遵循的规则，并不是刻意制定的产物，而是自发形成的结果。但是需要强调指出的是，人们却逐渐学会了如何改进这些规则；也因此人们至少可以想象，自发秩序的形成，乃是完全以刻意制定的规则为基础的。因此，我们必须把由遵循规则而产生的秩序所具有的自发特性，与这种秩序基于其上的规则所具有的自发性起源区别开来；再者，一种不得不被称为自发的秩序，也可能是以那种完全是刻意设计出来的规则为基础的"③。由此可见，约束企业成员的行为规则是人为设计和自生自发两种生成路径的混合

① 对于秩序的形成及其复杂性，哈耶克指明："当然，这些社会秩序之所以具有且能够具有这种程度的复杂性，完全是因为它们是由自发的有序化力量产生出来的。"参见：Hayek. *Law*, *Legislation and Liberty*: *Rules and Order*, University of Chicago Press, 1973: 42。

② Lon L. Fuller. *The Morality of Law*, *Revised Edition*. New Haven: Yale University Press, 1973: 97.

③ Hayek. *Law*, *Legislation and Liberty*: *Rules and Order*, Volume Ⅰ, The University of Chicago Press, 1973: 46 - 47.

体。[①] 这些规则的最终形象可能是正式的企业成文制度，也可能是未阐明的企业文化。它们都应该是那些经自然选择有助益性的能导致企业运作效率提升的规则。这种自然选择的规则并不必然是自发规则，它包括那些经由人们在自发规则基础上改进的规则，以及那些可能完全是人们刻意设计出来的规则。

四、相关资源的专用性与专有性

企业的商业模式设计与价值管理内涵中所强调的利益相关者投资的相关资源包括股东投入的权益资本、债权人投入的债务资本、企业成员投入的人力资本、客户和供应商投入的关系资本、政府职能部门投入的政府资本、社会公众投入的注意力资本、自然环境投入的环境资本等。[②] 而这些相关资源总体上往往具备两种性质，即“专用性”资源和“专有性”资源。所谓“专用性”资源是指专门为支持某一特定的团队生产而进行的持久性投资，并且一旦形成，再改作他用，其价值将大跌；或者说，专用性资产的价值在事后严重依赖于团队的存在和其他团队成员的行为。所谓“专有性”资源则是指这样一些资源，一旦它们从企业中退出，将导致企业团队生产力下降、组织租金减少甚至企业组织的解体；或者说，“专有性”资源是一个企业或组织的发生、存在或发展的基础，它们的参与状况直接影响到组织租金的大小或其他团队成员的价值。只要某种资源是企业团队生产所必需的，同时又难以被替代时，这种资源就具有某种“专有性”。而且某种资源越是团队生产所必需，越是难以被替代，该资源的“专有性”就越强。[③]

资源的“专用性”与“专有性”是两个完全不同的概念，如果说前者反映了某种资源的价值依赖于企业团队生产的存在，面临被其他团队成员机会主义行为威胁，在签约中处于被动地位的话，那么后者就正好相反，它强调了某种

① 关于企业的规则体系与整体财务秩序的关系讨论，详见本书第三章的相关内容。

② 企业可以看作是利益相关者签署的一系列契约的耦合体。它可以被看作是相互专用化的资产和人员的一个集合。总之，企业的经济本质是“一个难以被市场复制的专用性投资的网络”（Zingales，1997）。

③ 其实，“专有性”资源又可以分为专用性的专有性资源和通用性的专有性资源。显然，那些具有通用性的专有性资源所有者在企业剩余的竞争中所拥有的谈判力要强得多，也更有能力对企业整体秩序的生成施加影响。比较典型的通用性的专有性资源所有者有以下几种：（1）拥有发现并能组织实现某种市场获利机会的企业家；（2）掌握某种能带来巨大商业利益的核心技术拥有者；（3）在资本稀缺的环境中掌握大量货币资本的人；（4）掌握能带来大量商业机会的特殊社会关系的人。

资源被其他团队成员所依赖，处于签约的主动地位。因为它可以通过威胁退出团队生产来实现自己的要求。[①] 不同资源属性的拥有方，对企业的规则设计、修改和废止的影响力是不一样的，他们参与企业决策流程的宽度和深度也是不一样的，与此同时，他们对企业的商业模式构建和价值管理活动的作用也有显著不同。

第四节　本 章 小 结

基于“企业是对市场的一个替代”这一观点，我们将自发秩序思想从市场导入企业内部。我们认为，随着企业的复杂性和开放性的增强，“知识问题”将浮出水面。这一问题必须在一种经自然选择的有助益的抽象规则约束下，通过自发的竞争性过程才能使与企业营运相联系的“分立的知识”得到有效利用。而随着企业营运的自发秩序实质的逐渐显露并进而取代“计划秩序的虚构”，自发秩序的力量将在企业的商业模式设计和价值管理活动当中发挥着日益重要的作用，并最终促进企业经营能力的提升。那么如何让这种自发的有序化力量更好地提升企业商业模式构建和价值管理水平呢？我们认为，一个良好的程序结构意义重大。

① 当然，企业可能需要多种高度专用性投资，并且分别归属不同的所有者所有，这使得那些高度“相互专用”资源同时也变得高度的相互依赖，即具有高度的“相互专有性”，这会导致这些投资在事后彼此都难以被替代。

第三章
商业模式设计与价值管理的程序理性基础

第一节　程序的辨析及程序理性思想的特征

一、程序的辨析

程序源于人之存在和交往，一开始是自然性质的，受相应的文化习惯的约束和支持。随着人类社会复杂性的提高，人们逐渐学会了如何去管理社会和相应的组织单元。在这个过程中，社会秩序被理性化，程序也被理性化，程序具有了人为的构造性意义和工具理性功能。其实，程序的内涵并不限于纯法律问题，它可以超越法学范畴进入多个学科领域[①]，只不过一直以来，国内相关研究关于程序的探讨更多的是关注具体化和形式化的法律技术，没有将法律程序话语与经济学、社会学、政治学、管理学和哲学的方法综合起来。但在实质上，今天对程序关注的主题已经从程序的普遍遵守视角转换到利益相关者对不同意见和主张的参加、论证和同意上来了。程序已经不仅仅是一个社会问题的解决方式，在企业的营运过程中，对“程序”的关注能够更好地促进企业整体运营绩效的改善。程序作为一个竞争性过程的载体，使得企业在构建商业模式、改进价值管理水平以及获取一个好的博弈冲突的利益结果等方面都有了一个可靠的基础。

商业模式设计与价值管理可以从过程和结果两个维度来进行评价，对于它们的提升策略，不应该偏废过程和结果两者中任何一个方面的诉求。

就程序对结果的支持作用而言，在企业中，为了使企业运营展现的最终利益结果令人满意，企业首先应该有一套合适的管理流程，使之对企业利益结果

① “程序”这一概念已经被广泛地应用于法学、社会学和政治学理论中，在经济学和管理学中也逐渐引起了重视。更详细的阐述参见 E. Allan Lind and Tom R. Tyler. *The Social Psychology of Procedural Justice*，Chapter 7 and 8，Plenum Press，1998。

的支持具备一定的因果关系。从企业永续营运的假设出发，企业的运营是否在即期展现了一个令人满意的利益结果并不是主要问题，更为关键的是达致这一利益结果的程序性管理活动是否合理和高效，是否具备独立的价值。换句话说，如果某一个令人满意的利益结果是通过错误的模式取得的（如贿赂或孤注一掷的赌注），那么，即使企业获得的这一即期利益结果令人满意，它也不具备一个稳定和持续的基础，甚至很有可能这一基础已经遭到破坏。

除了在整体营运层面上竞争性的管理流程需要对企业最终的利益结果给予支持之外，在企业所有的决策制定过程中，决策程序对结果的支持都应该体现在相应的意见交锋活动中。就企业内部管理而言，当人们在某一事件上进行意见竞争的时候，他们所僵持不下的并不是一种纯粹的关于正确和错误的争执，相反，它却是一场正确对正确的争执。正是从这样一个角度，只有在解决争执或不同意见交锋的竞争性程序是无所偏袒的情况下，问题解决的最终结果才会令参与竞争性意见冲突的人满意和接受。尤其是在最终决定会给某一参与方带来不利影响之时，情况更是如此。一个令人尊崇的程序常常会使参与人感觉被尊重。从这个角度而言，企业的决策制定活动最终是否达成一项正确的结果并不是唯一重要的问题。在达成这一结果之前，决策机制是否已经公正且平等地对待了各利益相关者的不同主张也同样重要。因为竞争性意见的参与方不仅仅关注他们最终所获得的结果，他们也会时常关注该结果是如何做出的，以及在决策过程中自己的意见和权益如何被对待。①

对于程序和结果的冲突，西蒙（1978）从两者之间的差异性上，区分了程序理性（procedural rationality）与结果理性（rationality of outcome）。所谓程序理性，是指如果行为是适当考虑的结果，该行为就是程序理性的，它强调的是行为机制的理性而不注重结果本身，但由于结果总是一定行为程序的结果，一旦保证了程序理性，结果即可接受；结果理性则是指在由既定的条件和限制所规定的范围内，当行为适于达成既定的目标时，它就是结果理性的，因此，结果理性强调的是结果符合目标性而不论产生这一结果的行为程序。西蒙认为，在

① 譬如，以企业的薪酬分配为例，只要企业成员感觉薪酬分配的规则和过程是公正的，他们对自我实际取得多少利益往往不会太在意。企业成员在某种可能对自己产生不利决定或后果的活动过程中，如果不能及时了解程序的进程、最终结果的内容以及决策的根据和理由，就会产生一种受到不公正对待的感觉，而且从心理上难以对最终结果的合理性产生信服。这种感觉源于自己的权益受到忽略，而自己却没有能力改变这种状况的心理状态。所以，虽然利益结果的差别在一定程度上会影响不同行为人对企业的态度，但是，就心理而言，他们对不公平程序的反应会比对不利分配结果的反应更为强烈、频繁。

不确定性的环境下，人们无法准确地预测未来，从而也就无法按照结果理性的方式采取行动，只能依靠采用某一理性的程序来减少未来不确定性的程度。因此，应以程序理性代替结果理性来进行经济学研究。有鉴于此，可以说，结果理性决定人们的注意力，而程序理性保证人们对结果的尊崇。程序在这个时候已经具备了独立的价值。

综上所述，“程序”一词在大体上可以指对相关利益或者责任进行分配的方式和形态，以及为达到某一目的而型构的步骤和流程，而“结果”可以被理解为组织最终的利益目标。当针对企业组织内相关事务的利益参与方不能接受某项决策结果时，用以解决相关争议与冲突的程序就必须产生。换言之，程序理性可以存在于两个层面：一是关于目标的达致路径；二是关于决策异议的解决方式。从对程序理性和结果理性概念的界定可以看出，程序理性而不是结果理性是企业应对外部不确定性的有效模式。企业的商业模式构建和价值管理水平的提升，难以一步企及，通过结构化的程序是达到良好业绩的有效且稳定的保证。

二、程序理性思想的特征

程序理性要求决策者据以做出决定的程序必须符合理性的要求，使其判断和决定是以一定程度的合理预期为基础，而不是通过任意或者随机的方式做出。在管理程序上，能够最大限度地抵抗未来的不确定性，为期望结果建立一个理性的程序机制，这是企业管理需要努力的方向。从这个意义上讲，程序的目的就是最大限度地使企业商业模式设计和价值管理的提升具备一个稳定的基础。

从企业管理的角度考核程序的价值应该有别于法律视角。企业层面的程序理性的首要价值就是参与，在企业决策、管理和执行的过程中，决策的制定方需要保持中立的立场，倾听各方意见，而参与方则需要获得对等的机会，在整个程序活动中，最终意见的形成要及时，对目标的支持层次要分明，各层次之间的逻辑关系要清晰，最后程序应该具有稳定性，这样其权威的内涵才能体现出来。企业的整体营运和决策制定只有保证了程序理性的要求，企业的商业模式设计和价值管理的提升才有保障。

（一）程序的参与性

这一程序理性的基本要求又可称为“获得机会”的原则，其核心思想是，那些其利益可能会受到决策直接或间接影响的主体应有充分的机会并富有意义地参与决策的制定过程，从而对最终决策的形成发挥有效的影响和作用。一个人在对自己的利益有着有利或不利影响的决定制作过程中，如果不能向有权做出决定的人或机构提出自己的意见，不能与其他各方及决策者展开有意义的意见竞争，就会产生强烈的挫败感，并失去对企业的归属感，这种感觉源于其权益受到决策人的忽视、其独立的人格主体地位遭到决策人的否定这样一种现实。因此，为确保各利益相关者受到公正的对待以及决策的正确性，决策人应该保证决策参与程序的公开、透明和开放，这至少应保证各利益相关者（或他们的代理人）在决策制定过程中能够及时了解决策的进程及其相关内容，保证他们有向决策制定机构提出合理意见并对异议进行讨论的机会和具体的程序保障，同时，决策人应该将其最终结论建立在根据这些竞争性意见的交锋程序所做出的理性分析的基础上，并对异议保有相当的容纳，从而使各方的参与产生实际的参与效果。①

在决策制定过程中，如果有关各方能够对内外部意见进行充分交流，有效地参与决策制定过程，他们对最终结果的影响越大，对结果的认同感也就越强。不同层次的管理人员通过与其他各方以及上级权威之间进行理性的对话和辩论，事实上已成为决策者在制定决策方面的协商者、对话者和被说服者。参与者尽管不能像决策人那样直接制定决策，但他们可通过影响决策的结果，使自己拥有一定的企业剩余控制权。这就使参与人的人格尊严和自主意志得到承认和尊重：他不是一个权益受决策机构任意摆弄和处置的客体，也不是被决策人用来作为维护自身利益的工具和牺牲品，而是一个独立的权利主体。可以说，恰当的告知和意见听取是自然正义原则和正当程序的最低限度要求。参与性的决策过程可以使利益相关的参与各方成为理性的、负责任的行为主体。更重要的是，

---

① 著名的管理学家爱德华·E. 劳勒三世认为，通过企业的高投入建立的上下级之间的信任和合作关系，是企业竞争力的最终源泉，而符合这一要求的方法就是高度参与的管理模式，它通过强调较少的科层等级、无缝组织、快速适应和转变、横向的工作关系以及对组织的责任心，来创造富有意义和满足感的工作，给予组织最底层员工更多的信息、知识、权力和报酬，能够最终提升组织的价值。更详细的分析参见爱德华·E. 劳勒三世著，高茜译：《最终竞争力》，机械工业出版社 2005 年版。

知识的分散性导致企业高管层对于摆在他面前的决策事件而言，可能近似于一个陌生人，当事人（包括价值链上下游和各利益相关方）最了解相关信息。当事人的参与能使决策人的决定比当事人不参与“更”合理，这对提升企业商业模式设计和价值管理的水平至关重要。

（二）程序的时限性

程序的时限性是指企业的决策活动应当及时地形成阶段性意见。当企业决策过于迟缓或过于急速时，实际上是在用“时限性”对决策过程做出评价。程序的时限性要求决策活动保持在过于急速和过于迟缓这两个极端之间的一种中间状态，避免因过于急速或者过于迟缓而使投资方遭受不必要的损失。如果决策活动过于快速，程序参与者就无法充分地进行利益博弈，用一个人去纠正另一个人的错误。当意见针锋不够充分时，突袭性的决策会使当事人对未来的不确定丧失必要的预测性和适应性。另外，如果决策过程推进得过于缓慢，也同样会使企业所面临的机会难以被及时把握，这将严重影响企业未来持续的价值创造能力。

重视决策的程序化并给予相关程序一定的时限，意味着对决策人恣意的限制和对权力的制约。程序的时限性克服和防止决策人决策行为的随意性和随机性，为这些行为提供了一个外在标准，使之不能任意进行。同时，程序的时限性为程序参与者提供了相对稳定的时间标准，克服了行为的个别化和非规范化。因此，企业的决策程序需要保持在适当及时的限度内，程序参与者才能放心地信赖决策团队。

（三）程序的有序性

程序的有序性是指企业相关决策的制定和执行程序应保持一定的连续性和逻辑次序。这是程序的核心要求，也是程序能够给利益相关者一个稳定的预期的基础性要素。程序最明显的表征就是以一定的步骤所构成的一个行动结构。程序的有序性要求程序中每个环节要相互衔接，一般情况下不宜任意终止或者越过某个环节。如果失去了有效的控制，这将导致程序的不确定性或者不可预测性。程序一旦失去有序性，即变成无序混乱状态，程序就不再是程序，当然更谈不上秩序的生成。

程序的有序性首先要求程序保持一定的逻辑次序。程序的时间要素由“时限性”去把握，而程序的空间要素，或者说一种逻辑层次则主要是由“有序性”来体现。企业决策和管理程序的有序性要求管理活动的每个环节应该具备一定的逻辑支持功能，企业的商业模式进化和价值管理的提升需要在逻辑支持程序上关注企业内外部资源禀赋，关注企业内部核心流程，关注引导员工行为的规则制定。

（四）程序的权威性

程序的权威性是指决策制定程序所涉及的方法及其顺序、期限等，均由企业权力部门加以适当规定。① 因此，企业各层次决策人员必须遵循相关程序的规定。程序的权威性要求行为人遵照既定的规则工作，否则该行为就不会被接受。不仅如此，行为人如果故意滥用权威，将受到企业章程的相应处理。

程序的权威性需要程序的稳定性和程序规范的确定性来支持。程序的稳定性是指程序规范在一定期限内应保持固定。在实际操作中，程序的稳定性要求其针对不确定事项的分析决策流程，层次分明并富有适当的弹性拟应付例外事项。当然，例外事项的程序处理也应该有明确规定。其目的在于限制决策人在适用程序上过度的自由选择空间，使公司事务按照规定的程序路线进行运作。程序的权威性以及其所涵盖的稳定性能够使参与其中的当事人不必担心突如其来的不利的程序后果的打击而获得稳定的预期，这将有利于企业商业模式和价值管理的改进。

（五）程序的中立性

程序理性的这一要求主要针对决策者而言。决策人应当在那些利益处于冲突状态的参与者各方之间保持一种不偏不倚的态度和地位，而不得对任何一方存有偏见和歧视。这一要求的意义在于确保各方参与者的意见受到决策者平等的对待。决策者的中立性是一种通过排除各种不公正或不合理建议而保证企业管理效率提升的核心要求，决策者不应存有支持一方或反对一方的预断或偏见。

---

① “在合同不完全时，所有权是权力的来源”（Hart，1995）。企业作为一份不完全契约，谁拥有所有权，谁就将自身置于企业中程序的权威性的核心，当然，他自身也应该受到相应规则的约束，否则，权威将被滥用，这将扰乱企业整体价值管理的生成。

例如，针对重大的投融资决策，企业应该要求分析人员同时提交针对该方案的可行性研究报告和不可行性的研究报告，而且这两份报告的撰写应该分属两个不同的团队，他们之间应该建立起有效的“防火墙”。

决策者想要一贯保持中立且毫无偏见是非常困难的，有关心理学的研究表明[①]，当决策者考虑一项决定时，其大脑会对最先接收的信息赋予过高的权重，最初的印象、估计或数据“锚定”了随后的思考和判断，然而历史不能代表未来，决策者应该多角度独立地进行思考，保持中立态度对待开放的信息；当决策人形成自己的预断时，寻求有利证据的偏见会使决策人去寻找那些支持其观点的信息，而回避与既定观点相抵触的信息，这不仅会影响决策人到哪里去寻找证据，而且还会影响如何解读收集到的证据，最终导致决策人过于重视支持性信息，忽视冲突性信息，所以决策人应该保持中立不断自省，并对所有证据都给予同样严格的考察，避免不经质疑就接受有利证据的倾向，同时对异议给予足够的重视；决策人还有一种根深蒂固的偏见阻碍中立性的定位，即为了证明过去的选择是正确的，而做出了现在的选择，即使过去的选择看起来已经不再正确，但沉没成本仍然会影响决策者的思维，导致不恰当的决策，即使理智上知道沉没成本与当前决策无关。

（六）程序的对等性

程序理性的这一要求主要针对决策的其他参与方而言。程序的对等性要求，决策人在整个决策制定过程中应该给予各参与方以平等参与的机会，对各方的意见和主张予以同等的对待，对各方的利益予以同等的尊重和关注。与决策者的中立性一样，程序对等原则也旨在确保各方参与者受到平等的对等，进而实现程序理性。但这里的平等对待是指决策者在决策形成过程中平衡意见分歧各方地位的综合要求，因而又可称为“动态的平等对待”。为实现程序对等，持不同意见的参与方应在影响最终结论的形成方面拥有平等的机会、便利和手段；决策者应对各方的意见和主张予以平等的关注，并在决策制定时将各方提出的有效观点平等地考虑在内。同时，程序对等原则要求各利益相关者不仅拥有形式上的平等参与机会，而且还应在实质上具有平等的参与能力和参与效果。因

① 更详细的分析参见约翰·哈蒙德、拉尔夫·基尼、霍华德·雷法：《决策中的陷阱》，载于《商业评论》2006 年第 2 期。

此决策者甚至应该确保参与能力较弱的一方拥有一些必要的“特权”，以纠正各方实际存在的不平等状况。

合适的参与程序通过使参与者各方受到平等的对待，来确保其人格尊严和主体地位得到尊重，提升其对参与性管理的认可。一般而言，要求受到平等的对待，源于“人类希望受到尊重的愿望”，当那些认为自己同他人平等的人在参与公司事务上遭到不平等的待遇时，他们就会产生卑微、挫败甚至愤怒的情感，这将严重抑制其作为分散知识的拥有者所能为企业决策提供有利建议的积极性。这样一来，企业商业模式设计和价值管理改进的根基也将受到严重侵蚀。

第二节　从法学到管理学的程序理性价值

伴随着第二次世界大战之后经济的高速发展，那种将个人视为“极限功利者”的“倾心功利”型经济模式已变得颇具有影响力（Cohen，1993）。以利己和结果至上为基础的理论模式几乎统治了对社会行为的分析研究。林德（Lind）和泰勒曾指出，“学科特点虽然不相同，可是许多理论者、经济学家、心理分析学家以及其他领域的学者皆确信，人们首先关注的是他们从各种个人、社会机构和组织那里所得到的结果怎样，这种结果是他们评估个人幸福和成就与否的依据”①。作为这一现象的后果之一，行为人在实践中也会为了尽快获取某种期望的结果而倾向于舍弃程序理性。所以，萨默斯呼吁：“现代社会太注重结果而给程序的却是太少的关注。程序的意义无论是在思想领域还是在行为领域都没有得到应有的重视。”②

当社会批评援引那句“结果并不能证明方式的正当性”对过分“结果至上”的行为模式发难之时③，有关探究程序理性所引发的争论会让程序的意义脱离纯

① E. Allan Lind and Tom R. Tyler. *The Social Psychology of Procedural Justice*, Chapter 7 and 8, Plenum Press, 1988: 127.

②③ Robert S. Summers. Evaluating and Improving Legal Process A Plea for “Process Value”, *Cornell Law Review* 1, 1974 (60): 4.

法学范畴的讨论而深入企业的决策体系[①]。企业的决策和执行程序的恰当与否，应该是凭借其是否和在多大程度上能够有助于取得财务标准所期望实现的利益结果。然而，评价某一企业内部程序的恰当与否，除了应该考虑它对结果的意义之外，该程序还应该满足独立于利益结果之外，其自身所固有的价值[②]，由过程去控制结果有助于缓和那种“为达目的不择手段”的极限功利倾向。程序理性的价值包括桥梁作用、调和作用和缓冲作用。

一、程序的桥梁作用

首先，从逻辑上说，企业营运体系在整体组成上一般包括具体的业绩目标、为达目标所必需的工作程序以及最终实现的利益结果三个部分。由于设定的目标和实现的成果只能决定和代表企业的战略定位及其实现的程度，任何具体的目标和结果，如果离开了某一特定的程序都将无法实现和存在。程序的意义就如同连接目标和结果之间的一座桥梁，它可以通过合理的职责分配和组织关系来保障市场和组织内知识的分散问题以最小成本的方式得以解决。结果性的财务目标的实现必须通过程序性的流程支持，这样做既可以更好地应对未来的不确定性，借用一个稳定的程序机制逼近既定的财务目标，又可以最大限度地优化企业的资源配置。在这样一个过程中，企业可以通过避免公开冲突所带来的组织内部矛盾激化，使企业的营运管理有章可循，进而使企业的模式设计和价值管理的改善得到合理保障。

倘若论及程序在减少企业内部纷争和冲突、增进组织和谐与稳定方面的作用，一种观点认为，利用正式程序解决争议很可能会给当事人在冲突解决后的关系带来不良的影响，企业的和谐氛围也会因此受到破坏。相比之下，非正规的程序，如调解，显得比正式程序更有利于维持冲突解决后的正常关系。其实，是否有利于维持异议双方在冲突解决后的正常关系并不直接取决于程序是否正

---

① 法律程序的价值可以概括为：（1）公正的法律对待；（2）约束专横的权力；（3）解决争议；（4）实现法律的权威；（5）实现社会趋同、效率和稳定。萨默斯（1974）更是明确指出程序的价值是指某一程序具有实现优良结果的效能。这一观点可以很自然地迁移到企业管理领域。

② 从某种意义上说，平衡计分卡的思想本质也体现为一种程序对结果的支持。今天的企业管理已经不能够就财务论财务，企业财务目标的企及需要客户的支持，而客户的需求需要企业内部流程来满足，进一步地，企业内部流程的客户导向需要员工的高素质做基础。由此可见，这一逻辑步骤的背后隐含着程序思想。

规化，而是取决于该程序在多大程度上能给持竞争性意见的双方提供程序上的参与机会，并让最终的决策制定者考虑其主张。换言之，可以让不同利益冲突方参与并影响解决争议决定的做出且能在各方面之间最终达成共识的程序，相比那些不能使当事人参与其中的程序更有利于维持冲突解决后的关系。①

由此可见，程序就像一个承上启下的桥梁，对不同权益主体的不同欲望和价值观进行梳理和整合，由此不仅产生秩序而且兼顾公平和效率，为企业内部行为人带来合理预期，从而提高组织的营运效率，降低营运成本。从一定意义上说，企业内部正式的、具有可预见性的程序代表了组织的内部道德性，如果在总体上忽略了这种程序，将会是对规则遵从者的一种愚弄。

二、程序的调和作用

程序既是连接目标和结果的一座桥梁，也是调和既定目标与实际结果之间差异的润滑剂。在出现利益冲突时，人们通常不仅看重最后的结果是否达到其预计的目标，其实，对于该结果赖以产生的程序的合理性也会十分关注。程序所具备的独立的价值可以在很大程度上减弱各利益相关者对利益分歧进行冲突的激烈程度。同时，由于问题解决的程序在很大程度上影响着解决争议的决定或者说最终的利益结果让各利益相关者满意的程度，所以，程序的合理性还有助于增加结果的可接受性。譬如，某最终决策即使对企业某一利益相关方不利，但是，只要该参与人认同做出此决定的程序，则就极有可能遵从该决定。正是因为程序的价值具有在心理上减缓各参与方针对某一事项处理决定不满意的特征，程序才可以被当作解决冲突的“冷却装置”而加以利用。

从预防和约束次优化决策的角度出发，程序是一项重要的纠偏技术。它能够使程序性的管理活动所达到的结果尽可能地接近既定目标，与此同时，在保证程序被认可的前提条件下，实际结果对既定目标的偏离也会获得更多的认

---

① E. A. Lind and T. R. Tyler. *The Social Psychology of Procedural Justice*, Chapter 8, Plenum Press, 1988: 121 - 122.

可。[①] 这是因为，企业营运面临的外部环境复杂多变，企业的领导者时常并不能够有把握地获得一个令所有利益相关者都满意的利益结果，更明确地讲，令人满意的利益结果往往比令人满意的营运流程更难识别和认同。追求一种广泛而持久的结果标准用以评测行为的正当性，或者在结果的好坏上追求一种可以被所有人认可的标准，在实践中往往是一种徒劳。例如，给“好的商业模式和价值管理”下一个四海皆准的标准定义是不太可能的。然而，从另一个角度，企业可以使得用以提升企业商业模式和价值管理的程序结构化，从而使决策者能够通过程序的改良进而达致一个良好的经营状态。这样一个路径在企业现实的营运过程中或许更能让利益相关参与方觉得有价值。这是因为理性的行为人对某一利益目标如何实现的关注，通常会超过他们对这一利益结果本身的关注。鉴于此，适当的程序时常会比同实际目标有关的标准更为重要（Bayles，1990）。也正是从这个意义上来说，在决定企业利益相关者对其业绩总体满意度方面的影响力时，一个好的流程程序丝毫不逊色于与其相关的即期业绩结果，从一个长期的过程来看，其意义甚至会超过后者。

三、程序的缓冲作用

一个优秀的商业模式和高效的价值管理无疑要依赖企业成员对行为规则的遵循才有望实现，这种遵循离不开内部权威的监管，但必须不违背行为人自身利益的实现，这样才能够换取行为人对权威的尊崇。然而，无论是进行指令性的安排还是实施处罚都势必要有一定的企业内部的程序规则。也就是说，在实践中，如果不具备程序上的有序性和可预见性，企业的模式进化和价值管理将变得不可操作，它们的提升也变得无章可寻。企业程序执行过程中的权威力量是保证程序得到有效执行的一个重要因素，但是权威能否被行为人所容纳，这可能更加依赖于一个合理的程序结构。如果把那些获得经被认同程序而产生的不利结果的人和那些获得经非认同程序而产生的不利结果的人相比，前者对相

① 更为重要的是，对程序的持续改进，能够尽可能地弥合目标与结果之间的差异，正是从这个层面上，可以说，企业的预算管理就具备了一种程序性管理的意蕴，它正是通过对过程的控制以换取对最终结果的解释。

关权威的积极态度显著高于后者。这种“减缓”的意义可以比喻为“沙发垫背”的作用。

权威因程序的恰当而变得令人尊重。这说明企业内部相关管理流程和决策程序非常重要，企业的管理流程和决策程序是否能够得到各利益相关者的认可，将直接决定了企业营运的最终利益结果能否得到各有关方的认同和接受。一个良好的程序机制能够将各利益冲突方的注意力从单纯的结果层面转移到过程层面，这有助于缓和企业内部不同意见倾向方的矛盾，使企业的权威力量能够被容纳。所以重视程序的构建，不论是整个管理流程的架构还是各种决策流程的步骤，都将有助于提高利益相关者对企业经营业绩最终利益结果的满意度，与此同时，这样一种对利益结果的保障程序也将提升企业商业模式设计和价值管理能力的形象。

第三节　商业模式设计与价值管理的程序理性架构

通过以上分析，可以说企业商业模式设计和价值管理改进的基础在很大程度上皆为程序性的。无论是企业的商业模式设计，抑或是企业的价值管理水平的提升，它们都难以一步企及，而通过结构化的程序是达到良好运营业绩的有效且稳定的保证。其实，这样一个结构化的程序理念暗合着程序理性要求。因为程序理性所强调的就是行为机制的理性而不只是注重结果本身，但由于结果总是一定行为程序的结果，一旦保证了相关管理和决策程序能够被各利益相关者所认可，由程序所导出的结果就更能够被接受。

特别地，在企业面临一个充满不确定性的环境下，没有谁比谁对未来更有把握。由于没有人能够准确地预测未来，因此，按照结果理性的方式采取行动将是危险且不具备重复验证性的，在此情况下，如果能够依靠采用某一理性的程序来应对未来的不确定性，就可以通过一个持续性的程序改进去达致一个缺乏实体标准衡量的既定目标。正是从这层意义而言，企业只能用程序理性的方式代替结果理性的方式来支持企业商业模式的构建和价值管理水平的提升。

由此可见，无论是企业的商业模式设计，抑或是价值管理活动，它们其实都是企业内部管理程序理性的产物，因此企业的营运如果出现恶化，那么它必然与企业管理的某个、某些或所有程序相关。可见，对程序理性的保证就是对企业高效业绩的保证。需要明确的是，对生发秩序的程序做全方位的规范可能是一件不可能的事情，然而从企业管理活动中概括出一些共同性的程序要求却是能够做到的。[①] 我们认为，企业在商业模式设计和价值管理方面的程序理性可以分解为三个维度的内容[②]，它们分别是结构理性、过程理性和行为理性。

一、程序理性之结构理性

所谓结构理性（structural rationality），就是关于企业如何在外部市场结构中选择自己的战略定位，以及如何在内部价值管理活动中安排决策制定权的程序理性，前者针对商业模式设计，而后者针对价值管理活动。

企业商业模式设计的起点就是战略定位。商业模式设计的结构理性要求企业能够在一个竞争性的市场中找到一个据为已有的位置，这需要洞悉市场机会，挖掘自身优势，才能找到属于自己的细分市场。

企业运营的效率最大化要求企业剩余索取权和剩余控制权的安排应该对应。格罗斯曼和哈特（1986）在讨论剩余索取权和剩余控制权的安排问题时，把它们的这种对应看作是完全合同[③]的低成本替代。从这个意义上来说，企业价值管理的结构理性就是使决策中的剩余索取权和剩余控制权相匹配。这样的一种对应可以为随后富有意义的意见竞争夯实基础。

---

① 在企业管理领域，卡普兰和诺顿所开创的平衡计分卡管理体系，可以说从另一个侧面反映了管理性活动的程序结构对最终财务业绩的影响，即企业的财务业绩需要靠客户来支撑，而客户的满意度来自企业内部高效的管理流程，而这种面向客户的高效管理流程需要企业员工不断的学习与成长，通过提高自身素质来满足复杂流程的需要。

② 这一程序理性的划分层次受启发于谢德仁（2000）针对会计信息真实性所应具备的三个方面的程序理性，即（1）有关各方达成关于会计规则制定权合约安排的程序理性；（2）会计规则制定的程序理性；（3）按照会计规则及其制定权合约安排进行会计信息生产、提供的程序理性。

③ 所谓完全合同是指试图规定在未来每一种可能事件中谁将控制合同的各种维度。

二、程序理性之过程理性

所谓过程理性（process rationality），就是企业决策制定和支持过程的程序理性。这有两个层面的含义：一方面，当人们在既定的结构理性框架下就相关事项谈判时，人们实际关注的不仅是这一博弈过程能达成一个有效的结果，更在于这一博弈过程的中立性和开放性。① 在这个人与人之间相互作用的过程（an interpersonal process）中，任何人的贡献都要受到其他人的检测和纠正（哈耶克，2003），最终形成"重叠共识"，即这一博弈结果应是大家共同（或大多数）认可的，是大家在"反思的平衡"（罗尔斯，1997）中形成的，也只有这样，企业上下才能用同一种语言说话、用同一种观念行事。

另一方面，对于企业商业模式设计和价值管理所期望达致的利益结果层面的支撑，结构化的流程作为逻辑基础是必要的。因为企业商业模式的设计首先需要关注目标客户群体，针对客户的需求提炼出价值主张，然后整合核心资源，连接重要合作，构建关键业务，借助渠道和路径，与客户形成动态的客户关系，在这个过程中企业还需要分析收入从哪里来，成本费用由谁承担。这是一个充分沟通反复优化的过程。②

价值管理需要从财务面切入，利润来自客户，客户的满意度决定了客户的忠诚度，忠诚的客户才会重复购买企业的产品或服务，而客户的满意度来自流程的效率，流程的改进则需要组织的学习和成长，它需要人力资本、信息资本和组织资本的支撑。这样的一个过程理性可以建立在平衡计分卡的逻辑框架基础上。③

① 过程理性相对于结构理性和行为理性，可以更加全面和深刻地反映几乎所有程序理性的内涵特征，譬如，程序的参与性、时限性、有序性、权威性、中立性和对等性。而结构理性更多地体现了程序理性中的参与（机会的可能）性、程序结构内含的权威性和中立性；行为理性则更多地体现了程序理性中的（不同行为人权益的）对等性。

② 关于商业模式设计的过程理性更具体的阐述请参阅本书第四章相关内容。

③ 关于价值管理系统的过程理性更具体的阐述请参阅本书第五章相关内容。

三、程序理性之行为理性

所谓行为理性（behavioral rationality），就是决策执行人按照企业规则和相关指令进行行动的程序理性。企业的商业模式设计和价值管理在历经了结构理性和过程理性后，需要明确企业行为人是理性的，且只具有有限理性。企业所有的内部流程都需要执行人履行它的相关步骤和功能，这些以客户为导向的流程可能很复杂且需要随需而变，这就对企业成员的素质提出了很高的要求，这就更需要在企业内部构造一个好的激励框架，使每一位企业成员自身的利益能够与企业整体价值的提升形成动力一致。因此，要保证决策执行人的行为理性，需要做到一旦其偏离了行为理性的范畴，其预期的损失将超过预期的收益。企业的制度设计需要尽可能地做到使决策执行人行为的外部性内部化，同时针对其行为后果给予选择性激励。

第四节　本 章 小 结

企业的外部环境充满不确定性，面对这样一种情况，具有自发秩序性质的企业商业模式设计和价值管理活动必须摒弃结果至上的评判标准而更有赖于一个稳定的程序结构。这样一个结构化的程序思想暗合着程序理性要求。它强调程序行为机制的理性而不是仅注重结果本身。为了保证企业商业模式设计和价值管理水平有一个持续改进的机制，需要从结构理性、过程理性和行为理性三个层面改善企业决策制定和支持过程上的程序理性。这样一来，企业决策制定和支持过程中程序的独立价值就在企业营运的全过程得以体现。

第四章
基于程序理性架构的商业模式设计研究

第一节　模式设计中的结构理性：战略定位

企业的商业模式设计有赖于一个结构化的程序理性流程。好的商业模式是顺应市场需求而后“生长”出来的，这个“生长”过程，包裹着“设计”的外衣，但是这个过程需要发现和遵循市场的自发秩序力量，在设计时应该符合程序理性的要求，即商业模式设计应该关注结构理性、过程理性和行为理性三个方面的程序理性内容。这里我们首先从商业模式设计中的结构理性层面进行分析。商业模式设计中的结构理性强调的是企业战略选择中市场定位的合理性，这就要求企业内部的能力和资源优势能够结构化地匹配外部的市场机会。一个好的结构化的匹配可以为企业带来恰当的细分市场定位，这将为其后商业模式设计中的过程理性和行为理性奠定基础。

我们首先从战略管理思想的演进开始阐述，讨论结构化的市场定位所需具备的工具基础。

一、战略管理思想的演进

卡尔·冯·克劳塞维茨所著的《战争论》（1832）描述了拿破仑只在能够打胜仗的地方战斗，这是典型的定位理论。定位说认为，选择在哪里钻井比拥有钻井的能力对一家石油勘探企业更重要。而中国的孙武在他的《孙子兵法》中阐述得更加全面，他提倡的五事七计（五事即“道、天、地、将、法”，分别指政治、天时、地利、将帅素质、军事体制五个方面；“七计”由“五事”演绎而来，是指从七个方面即从双方政治清明、将帅高明、天时地利、法纪严明、武器优良、士卒训练有素、赏罚公正来分析敌我双方的情况），不但强调定位也强调能力。其实，整个战略管理思想的脉络可以从定位说、能力说到两者结合的结构说，直到今天的创新说渐次交织展开，我们将依照时间轴和理论演进来勾勒出一幅战略管理的百年简史，其中所提及的管理工具将对公司结构化的市场定位提供应用支持。

（一）战略定位说的思想梳理

泰勒（1856～1915）首先关注到工厂的效率，他把生产现场的经营提升到了科学管理的层面，在提高生产率的同时，也追求从业人员劳动价值的提高。这可以视作科学管理的源头，但他视人为机器的管理逻辑，虽然提高了效率，却激化了矛盾。然而，人的机械性倒逼出人的社会性的重要性。梅奥（1880～1949）的霍桑试验随后提出了人际关系论，工人的生产率不仅取决于劳动条件和流程，劳动热情和有效沟通也很重要。

法约尔（1841～1925）认为企业活动的核心是流程管理，同时他明确地提出了各种活动的定义。法约尔将企业不可或缺的活动分类整理为 6 个种类，这与 70 年后迈克波特提出的价值链管理理论在思想层面非常一致。可以说，泰勒管理工厂，法约尔统治企业，他们的注意力更多的聚焦于企业的内部。

1929 年的经济危机让所有企业深刻感受到经营的重要和环境的不可预知。巴纳德（1886～1961）在 1938 年出版了《经理人员的职能》一书，他将企业定义为一个整体系统以应对外部环境的变化，提出组织的高效运转需要有共同的愿景目标、好的激励系统和有效的信息沟通，从偏向内部控制环境转向努力适应外部环境。企业领导者的首要责任就是为自己的组织系统制定共同目标，这个理念在当时是一个划时代的产物，它连接了企业经营管理的古典理论（泰勒、法约尔）和新古典理论（梅奥），也一并连接起近代战略管理理论，然而，在那个年代又超越那个年代的学者，当属彼得·德鲁克（1909～2005）。

德鲁克在《公司的概念》（1946）中揭示了通用汽车公司的危机，并由此奠定了分权化管理的思想。随后在《管理的实践》（1954）中揭示了企业与经理人员存在的意义。德鲁克的思想非常超前，在那个时代，他就意识到企业的本质是创造客户；企业存在的目的是发挥人的生产性，企业是人的自发性组织；企业存在的价值是达成社会性的公益目标，企业需要有社会责任。这些洞见深刻影响了今天的企业组织的行为方式。从某种意义上说，当今互联网企业对早期用户的补贴就是对德鲁克“创造客户”理念的极致应用。

战争让资源向美国集中，这里的资源不仅是金融资源，更是智力资源。两次世界大战把全球最顶级的大脑连同财富都聚集到了美国。梅奥在1922年从澳大利亚来到美国，德鲁克在1937年从维也纳来到美国，安索夫（1918～2002）则随家人于1936年从苏联移居美国。安索夫是数学博士，并于1950年加盟美国海军，后来在兰德研究所供职6年。

安索夫（1918～2002）的成长矢量矩阵（产品—市场矩阵）包括四种类型的战略方针：市场渗透战略（用老产品深耕老市场）、市场开发战略（用老产品开发新市场）、产品开发战略（用新产品开发老市场）和多元化战略（用新产品开发新市场）。多元化的视角被后来的学者进一步细化为相关多元和混合多元，到今天这都是公司战略的焦点话题。安索夫矩阵随后还被波士顿咨询公司与“销售增长率—相对市场份额矩阵”（明星产品、现金牛、问题产品、瘦狗产品）联系起来。可以发现两者之间的思想脉络相互交织，前者更多的是静态视角，而后者则是动态视角，如果在波士顿矩阵中把市场分为现存和新兴市场则有更多讨论的空间。安索夫在这些思想的基础上又提出“若要在竞争中取胜就必须有核心竞争力”，这又符合了后来哈默与普拉哈拉德提出的核心能力理论（1994），也是巴尼发扬光大的资源基础理论（1991）的思想源头。

安索夫在1965年出版的《公司战略》中指出，商业战略计划并不是“维持现状”，企业需要懂得应该怎样做才能在这个复杂的动态市场中生存，他也融入了钱德勒的研究，将企业决策分成三种模式：战略（strategy）、组织（structure）和系统（system）。彼得斯和沃特曼（1978）后来又将安索夫的这一概念（3S模式）细化并扩大，提出了7S模式。①

钱德勒在《组织跟随战略》（1962）中指出，过去一直认为是组织的扩大推进了管理的分权，而实际上是业务的多样化促进了分权化的产生。经营与原有业务不同的新业务是一件困难的事情，集权型的组织管理结构很难做好，这与规模并没有显著的因果关系，多元化的企业战略最终催生了事业部制，这就是“组织跟随战略”的逻辑。由于钱德勒提出的“组织跟随战略”，1950～1960年的美国公司迎来了结构大变革的时期，业务多元化、地域多元化、组织分权化成为最迫切的需求。一般而言，企业进行战略调整相对于组织结构调整，后者更加困难，它们两者相互影响，但组织的惰性可能更大。

---

① 在系统、结构和战略之外，又丰富了共享价值观（shared value）、技能（skill）、人员（staff）和风格（style）。

安索夫在1979年出版的《战略管理》一书中指出，企业的管理决策不能只顺应外部环境，同时也应该重视内部因素，战略的制定、实施与管控同样重要，企业应根据外部环境的动荡程度将组织结构与战略管控相协调，只有战略超前或只有组织结构超前都会导致经营失败。这个洞见揭示出单纯的定位论或者单纯的能力论都是不适宜的，只有两方面步调一致相互协同才会有更好的经营业绩。当环境动荡且难以预测的时候，就应该使用创造性战略和试错法。

巴纳德、德鲁克、安索夫、钱德勒等人创立了一系列概念，而将这些概念归纳整理的则是哈佛商学院的安德鲁斯。安德鲁斯（1916~2005）创立了SWOT矩阵，不过也有人说最早的SWOT矩阵是在《孙子兵法》中提出来的：知己知彼，百战不殆；知天知地，胜乃不穷。知己知彼就是要知道自己和竞争对手之间的优势和劣势，知天知地就是要知道外部环境中的机会和威胁。SWOT是一个优良的整理工具，但即使填完了表格，也不会立刻得出结论，不同的组合方案之间也没有给出重点和权重。然而，这种跳跃的连接确实能够给分析者带来意想不到的启迪。

在近一百年的战略管理研究和实践领域，迈克尔·波特（1947~）的思想产品是最广为应用的。他可以称得上是战略定位学说的集大成者。在波特的战略研究中，最显著的贡献是五力模型、三大战略和价值链。波特认为，基于五力模型的定位分析，其结果可以模式化为三大战略（低成本、差异化、集中），而企业若要成功，只有“优秀可盈利的定位”是不够的，为实现这个定位，还需要“优秀可盈利的企业能力”，这个出色的概念将企业各部门的活动与价值连接起来了。但波特一直觉得组织能力提升是实现战略定位的手段，从这个角度看，波特是定位说的集大成者。

（二）战略能力说的思想梳理

正在定位说成为显学之时，几家日本企业（本田、丰田、佳能等）令人费解地挑战了美国企业（通用、克莱斯勒、施乐等），在看上去不可能成功的市场位置中获得了成功。这让企业领导者们意识到定位的优势难以长期维持，强化企业自身的能力才是根本。

波士顿咨询公司的资深专家乔治·斯托克（1951~）和菲利普·埃文斯

（1950～）通过对日本企业的研究及其后续的发展，创造了“时基竞争”这个概念，也即更快地向客户提供更新、更多、更便宜的商品。这一思想在1990年出版的《时基竞争战略》中进行了充分论述，而在今天基于时间的竞争理念更是深入人心。①

彼得斯（1942～）在《追求卓越》一书提出了“7S理论”，也即系统（system）、结构（structure）、战略（strategy）、共享价值观（shared value）、技能（skill）、人员（staff）、风格（style）。彼得斯认为，只有战略与（组织）系统并不能给企业带来成功，优秀企业往往是通过共享的价值观而不是战略或指令主导经营。

伦敦商学院的哈默尔及其恩师密歇根大学的普拉哈拉德（1941～2010）则在《为未来而竞争》（1994）中进一步提出：既坚持基础业务，也提倡面向未来的成长战略。他们提出的“核心竞争力”可以是技术、渠道，也可以是人才。它需要有这样一些特征：对手很难模仿（你能够复制你自己，别人很难复制你），能为客户创造客户认可的价值（客户导向），可向其他业务发展（跨界）。

彼得·圣吉（1947～）创造了将企业看作一个系统的方法。其在《第五项修炼：学习型组织的艺术与实践》（1990）中提出：学习即一切，它包括：心智模式，摒弃旧有的思考方法；自我超越，学习如何对他人开放；系统思考，理解公司与社会的实际情况；共同愿景，创造全体都能接受的方向性；团队学习，为达成此愿景而协作。企业的竞争优势只有在个人与组织两方面的持续性学习中才能诞生。

（三）战略整合说的思想梳理

加拿大麦吉尔大学的明茨伯格将战略定位说和能力说很好地进行了整合讨论，在其成名作《管理工作的本质》（1973）中，明茨伯格有着深刻的洞见：企业中最重要的不是领导者而是管理者，管理者们无数的决策与行动支配着企业活动；管理者们的工作是零碎的、瞬间性的、复杂的，其判断多依靠直觉。好的管理者无法在教室培养；好的战略也不能在桌子上制定。他在《战略历程》（1998）中旗帜鲜明地认为定位与能力不可偏废任何一方。在初创和发展期需要

---

① 当前炙手可热的“阿米巴”管理逻辑，其底层思想就是“时基竞争”。过去物资稀缺的时候，资产回报率很重要，而今人力稀缺时，时间回报就变得重要起来。

探索方向，重视定位，在成长和成熟期需要重视和强化组织能力，在变革期则应该强调企业家精神，敢于做出调整。

美国诺顿研究所的大卫·诺顿认识到，现有的过于依靠财务指标的业绩管理方法已不适用环境剧烈变化的时代，他与哈佛商学院的卡普兰（1940～）在1992年发表了关于平衡计分卡的第一篇文章，这是一种组合了财务维度（过去）、客户维度（外部）、内部业务流程维度（内部）及创新与学习维度（将来）四个层面的企业管理与评价体系。这进一步把企业的战略定位与组织能力放到了一个框架中来讨论。

卡普兰等人改变了企业过去偏重财务指标评价的传统，根据库兹曼的调查统计，在1997年的时候，已经有64%的美国企业采用了类似平衡计分卡的多维度业绩评价体系。它将定位（客户视角）与能力（业务与学习视角）结合，并进一步将它们通过流程管理与财务指标连接起来。随后，他们又推出了战略地图，这使得企业的战略执行变得更加可视化。

（四）战略创新说的思想梳理

战略的创新说思想源远流长。20世纪初期，熊彼特（1883～1950）提出创新是经济发展的源动力，创新的核心力量既不是资本家也不是劳动者，而是创业家。将熊彼得的思想引入管理学的是德鲁克和麦肯锡的福斯特，在此之前，熊彼得的思想很难被模型化的经济学界所接纳。

熊彼特在《经济发展理论》（1912）中提出创新四大主张：创新的非连续性、创新的类型化、金融功能的重要性、企业家的作用。这个创新的经济循环理论太过超前和重视人的作用，由于无法数字化和公式化，很快就在经济学的世界中消失，后来又在经营管理领域的世界复活。直到今天仍然刺激着实践者的神经。麦肯锡公司的福斯特借用了罗杰斯在《创新的扩散》（1962）中提出的“S”型曲线，创造出了双重“S”型曲线，用来表述熊彼特所说的“创新的非连续性”。

克里斯坦森（1952～）在《创新者的窘境》（1997）一书中提出：创新带有革命性，且往往无法使用现有的能力，因此很容易失败。导致失败的一个重要因素可能就是领先企业过于注重客户导向，特别是现有的大客户，将客户需求作为绝对标准，但有时连客户自己都不知道他自己未来需要什么。与此相对应的是，在远离现有市场的地方，新的技术和机制正在诞生并不断迭代，之后它们会被客户注意到，客户会发现它们竟然也能满足连自己都没有意识到的需求，这时领先企业即使也注意到这个情况发生，但也将为时已晚。克里斯坦森将这种创新定义为“破坏性创新”。这类创新需要在组织内部创造“小组织”，树立不急于追求业绩结果的管理指标，在捕获边缘客户之后，再向主流客户推销新产品，从而重构市场秩序。创新者往往需要具备五项优秀的能力：观察、提问、联想、交流和实验。克里斯坦森随后又出版了《创新者的解答》（2003）和《创新者的基因》（2011）。

金伟灿和莫博涅在《蓝海战略》（2005）中认为，优秀的战略应该是创造一个没有竞争对手的新兴市场，并不一定要像波特所说“在差异化和低成本中二选一”，企业完全有可能创造一个差异化与低成本并存的新战略。《蓝海战略》设计了“战略布局图”，它通过“剔除、减少、增加、创造”这样一个简洁的应用框架为战略实施提供了应用工具。

史蒂夫·布兰克（1953~）在其著作中提出四步创业法，它们包括：客户探索、客户验证、客户培养和企业建设。布兰克认为，只要有两个团队就可以进行创业了，分别负责产品开发和客户开发，在第一和第二步骤过程中反复验证市场，而后再推进，这可以去除创业中的“浪费”。他的学生埃里克·莱斯（1979~）撰写了《精益创业》（2011）。创业不可以想做就做（Just Do It），一切不能给客户提供价值的就是无用的，一切无法验证、无法学习的就是无用的，验证产品的商业价值可以通过最简化的可行产品（Minimum Viable Product，MVP）来进行。

在这个试错的过程中，失败是正常的。关键是如果不能接受失败并从失败中学习，就称不上是试错型经营，只能说是错误经营。但是适应性战略也并非一味地顺从，它应该是指企业在商业能力上的进化，而进化不可能一蹴而就，它是由变异与淘汰引起的非连续性的动态适应，然而，不试错就不知道。

二、从理论梳理到场景应用

本书用最粗糙的线条梳理了战略思想的发展简史，由此可以发现，企业的战略管理从来不可以只偏好定位说或能力说，它一定是一个动态适应的结构化过程。找到一个据为己有的位置很重要，但盘踞下来需要能力的跟进；定位需要关注蓝海，然而蓝海并非要远离自己熟悉的市场，蓝海可能就隐藏在红海中；蓝海可能是巨头看不见的边缘市场，也可能是巨头看不起的利基市场，还可能是巨头看不懂的跨界市场；蓝海是暂时的，但创造蓝海是永恒的，创新不仅是创造产品和服务结构，也是创造新市场；创新是试错的副产品，但不是“Just Do It”的鲁莽，创新在整体上可能需要突破成本收益原则，但在细节上需要精益思想，通过最小化可行产品来降低财务风险；企业的战略定位是商业模式设计的起点，而能力则需要通过精益实施和价值管理来塑造。

我们对企业进行战略分析时不是要穷尽所有的理论思想和工具，而应该是将这些分析工具有机结合，进行整合应用。在一个日益复杂且动荡的经济环境中，企业能够持续地进行环境审视比以往更为重要。理解商业环境在不确定中的变化趋势能帮助企业更有效地适应不断变化的外部因素。外部的商业环境可以看作是一种“设计空间”。这里是指把外部商业环境看作一个可以构思或调整商业模式的背景，并由此分析一系列的驱动因素（如新客户的需求、新技术的出现等）和约束因素（如监管法规的变化趋势、竞争对手的策略调整等）。这种背景环境并不会限制创造性或是预设一种商业模式，在我们看来，好的商业模式都是在自发秩序力量下生长出来的。在一个突破性的商业模式帮助下，企业甚至可能成为这个行业环境的塑造者和改革者，进而为所在行业制定新的游戏准则。

为了更好地设计商业模式，企业需要一个结构化的商业环境分析框架，以此作为商业模式设计的起点。外部环境分析主要包括宏观经济形势的 PEST 分析与迈克波特的中微观行业五力模型分析；内部能力分析主要包括迈克波特的三大战略，也就是低成本、差异化还是聚焦一个细分市场；接着可以运用商业环境诊断的 SWOT 综合分析系统来进行全面的梳理；最后根据以上分析，企业可以运用自身优势，把握市场机会，选择合适的战略定位，最终体现为企业商业模式设计的结构理性。

(一) 外部环境分析

外部环境分析可以运用两个主要的分析工具，包括用于分析宏观经济趋势的 PEST 模型和用于分析中微观市场的迈克波特五力模型。

PEST 分析主要关注：第一，监管法规趋势（P），这需要企业能够全面掌握影响自身商业模式的法规及其变化趋势，包括：企业需要掌握哪些政策和规则可能会影响公司的商业模式，以及监管法规的演变趋势会对自身的商业模式产生何种影响，等等。第二，社会经济趋势（E），这需要企业能够概括与自身的商业模式相关的主要经济趋势，包括：重要的贸易争端的可能结果是什么，重要的人口趋势是什么，目标市场里客户群体的收入和财富分配情况以及可支配收入的高低，等等。第三，社会和文化趋势（S），这需要企业发现可能会影响自身商业模式的主要社会文化趋势，包括：在文化和社会价值观中，哪种转变会影响企业自身的商业模式，哪种趋势可能会影响消费者行为，譬如，绿色环保、安全健康以及文化冲突，等等。第四，技术趋势（T），这需要企业能够发现威胁和改变公司商业模式的技术趋势，包括：在行业市场内外，哪种技术代表着重要的市场机会或有可能扰乱当前的市场均衡，客户正在采用哪种新兴的技术，这种新技术是否容易获取，等等。

五力模型分析主要关注：第一，行业内竞争状况，这需要企业关注整个行业的竞争密度，发现当前竞争对手和企业自身的差异性，包括：谁是企业的竞争对手，在企业所处的行业里，哪家公司主导了市场的竞争规则，他们的主要产品和服务以及他们的竞争优势和劣势分别是什么，他们服务的客户与企业自身的客户是否重叠，他们的产品和服务的成本结构、收入来源和利润率的大概情况，等等。第二，潜在的进入者，这需要企业能够敏感地感知到正在崛起的行业对手，判断他们是否利用不同于企业自身的商业模式来参与竞争，包括：谁是企业所在市场的新进入者，他们专注于哪一块客户细分市场，他们的价值主张是什么，他们有什么不同的竞争优势和劣势，他们必须克服哪些市场准入壁垒，他们的成本结构怎么样以及他们对企业现存客户细分群体、收入来源和利润率会产生什么样的影响，市场中是否存在跨界进入的商业主体，等等。第三，替代品生产者，这需要企业能够清晰描述公司产品和服务的潜在替代品，包括：其他市场和行业的产品和服务是否会跨界加入本行业的竞争，哪些产品和服务可以替代企业自身的产品和服务，他们的产品和服务是否具备成本优势，客户转移到这些替代品上的成本是否足够高，等等。第四，供应商和其他价值链参与者，这需要企业能够清晰描述出目前关键的价值链参与者，并发现新崛起的参与者，包括：在企业所在行业的价值链上，谁是关键参与者，在多大的程度上，公司的商业模式依存于其他的参与者，这些参与者的分散程度和议价能力，行业中的边缘参与者是否有可能崛起，客户的客户是否有价值偏好的转变，等等。第五，利益相关者，企业需要确认哪些参与者可能会影响公司的商业模式，包括：哪些利益相关者可能会影响公司的商业模式，以及这些利益相关者的影响力有多大，譬如，行业协会、科研机构、社交媒体、内部员工，等等。

（二）内部能力分析

企业需要清晰理解自身的能力和资源优势来捕捉市场的机会。迈克波特认为，企业的竞争优势主要有三个方面。第一，低成本优势，这需要企业通过有效途径降低成本，使企业的整体成本能够低于竞争对手，从而获取竞争优势，这就要求企业了解获取竞争优势的低成本途径有哪些，实施成本领先战略所要具备的内外部条件有哪些，实施成本领先战略的企业内部还必须具备哪些能力和资源，低成本的优势体现在哪些方面，同时又有什么风险，等等。第二，差异化优势，这需要企业能够为顾客提供满足其特殊偏好的某种独特产品或服务，从而使该企业具有区别于竞争对手的差异化及差异化竞争优势，包括：企业的差异化体现在哪些方面，如何从差异化中获取竞争优势，实施差异化战略所要具备的外部条件有哪些，实施差异化战略的企业内部还必须具备哪些技能和资源，差异化的优势体现在哪些方面，同时又有什么风险，等等。第三，聚焦细分市场，这需要企业把优势资源集中于某一个特定的细分市场，为特定的地区或特定的购买者提供特殊的产品或服务，包括：为什么要聚焦细分市场，细分市场确定的依据和标准是什么，聚焦细分市场与低成本战略、差异化战略的区别在哪里，等等。当然，企业应该挑战单一的竞争优势策略，企业既可以通过剔除和减少产业竞争所比拼的元素节省成本，又可以通过增加和创造产业未曾提供的元素提升客户价值，这需要一种整合思维，它需要企业关注低成本和差异化是否能够同时实现。

（三）SWOT 分析

企业需要清晰理解自己的商业模式所处的内外部环境，并思考这些趋势对企业未来发展产生的影响。对市场环境的良好了解，有助于企业更好地评估在自身商业模式设计的过程中所面临的机会和威胁，而对企业内部能力和资源的优势和劣势的了解，则有助于企业利用内部优势，把握外部机会，做好战略定位。SWOT 分析框架其实是对企业外部环境分析和内部能力分析的一个归纳，它可以协助企业深入理解在进行商业模式设计时的环境场景。这样的一种匹配性体现了如何在市场的自发秩序中寻找战略定位的结构理性。

第二节　模式设计中的过程理性：系统构建

前文阐述了企业战略管理思想的学说脉络和工具应用，其实企业战略的终极目标就是让自己在未来能够获得持续的竞争优势。无论是战略定位还是组织能力，最终都需要为企业打开一个优势空间并持续下去。从企业的市场定位到能力协调再到战略创新，这都需要企业在战略选择之后构建一个差异化的商业模式。在进行商业模式设计的过程中，一个基于程序理性的意见交锋过程显得尤为重要。过程理性强调的是企业决策制定和支持过程的程序理性。在决策中，重叠共识的获取需要一个高效的沟通过程。

一、商业模式系统设计的五个阶段

企业在进行商业模式的创新设计时需要关注未被满足的市场需求，尽可能地把新技术、产品和服务推向市场，或者通过一个更好的商业模式来改进、颠覆或变革现有的市场，抑或是创造一个全新的市场。商业模式的创新设计并非生发于偶然，它需要企业领导者具备处理混乱与不确定性的能力。参与者必须愿意投入大量的时间和精力去探索各种各样的可能情况，而不是很快就采纳其中一种方案，轻率地得出结论。企业应该借助过程理性来管理商业模式的创新设计并固化到流程中，用它来挖掘整个公司的创造潜力，这个过程映射了本书第三章中所强调的程序理性的特征和价值。

商业模式创新设计的管理流程可以有五个阶段，它们包括：提出想法、理解沟通、设计原型、精益实施和动态管理。这五个阶段间的进程不一定按照顺序依次进行，它们可以同步、交叉和往复。不同的公司在具体实施时还可以在该基础上进行改进和创新。在一个迅速变化的商业环境中，大多数商业模式的差异化，其生命周期都很短，即使是那些成功的模式，也可能难以维持长时间的优势。鉴于此，对企业商业模式的设计进行动态的思考和管理非常重要。

（一）提出想法

商业模式设计在想法提出阶段面临的最大风险就是高估模式带来的商业价值。这可以通过与不同背景的人员组织一些开放性的碰撞会议来不断试验新的想法，尽可能地减小风险。在这个阶段，一个关键的成功因素就是要敢于质疑现行的行业假设和成熟的商业模式。企业需要学会去研究那些成熟市场的低端部分的潜力，以及借鉴跨行业的经验。在进行环境研究和趋势分析时，商业模式创新可能就在对习以为常的突破中诞生。在一个成熟企业里讨论新模式有的时候会面临更大的挑战，因为新的模式可能会损害一部分人的既得利益，甚至会打破权力边界，所以，一开始就让高层管理人员参与到项目中来尤为重要。当然，有的时候，创造一个小组织，远离现行核心部门来进行早期试错也是重要策略。

（二）沟通理解

商业模式设计需要参与者对外部环境和项目自身进行充分沟通和深入理解。这需要进行许多不同的活动，包括了解市场、研究客户、采访行业专家、研究竞争对手等。对这些问题的沟通理解往往需要头脑风暴，在这样的会议里，所有的参与者可以通过头脑风暴来证明某个想法为什么不可行，然后再参与另一个头脑风暴来证明某个想法为什么可行，企业还可以组织不同人群交叉验证。但这也需要尽量避免议而不决的问题，企业需要尽早设计出商业模式原型，这样还可以更为迅速地获得真实数据反馈。在一个成熟的大企业中，前瞻性、突破性的想法会遇到强大的阻力，因为企业的现状也是过去成功的模式所造就的，更何况现行的模式已经深深根植于公司的组织基因中，改变将变得非常困难，所以，对商业模式创新设计的讨论最好放在一个独立的研讨会上进行，可以让外部专家和公司不同背景的员工参加，收集大家对新商业模式的不同理解和想法。这样可以从不同的角度发现现行的商业模式的长处和不足，并在新模式中注入差异化。

（三）设计原型

商业模式设计需要参与者在沟通理解阶段之后及时地给出原型设计，但也要避免过早地判定某种想法。在设计阶段面临的主要挑战，是要保持设计差异化模式的决心，发散性思维是其中一个关键的成功因素。为了产生突破性的想法，团队成员必须在构思阶段摒弃现行的模式和形态，组织保持一种开发性的态度和探究性的设计理念是至关重要的。设计团队需要投入时间来探索多种不同的想法，因为最好的构想很有可能产生在这种探索的过程中。模式越是大胆，不确定性也就越高，对现存组织的容纳性要求也就越高。如果组织能够清楚地界定那些不确定因素，企业就可以借助模式设计的原型草图尽快将它放到市场中去检验，通过纵横比较来分析它的实践效果，当然，这个阶段切忌短视。在当今这个时代，过于专注短期利益和更高的回报率都可能错失具有更好前景的项目。

（四）精益实施

在原型设计之后，企业需要借鉴精益实施的逻辑来反复检验和完善最初的想法。这个阶段需要做的工作包括：制定各个阶段的里程碑，制定法规条文，准备预算清单和项目路线图，等等。在精益实施阶段需要懂得如何处理不确定性因素的问题，这需要企业在实施过程中密切地关注任何超出预期的风险和收益，也需要企业设计一些机制来快速地根据市场反馈调整商业模式。精益实施的具体工作步骤将在本章第三节中具体分析。

（五）动态管理

商业模式设计的动态管理阶段要求企业的领导者需要不断地评估模式、审视环节，以此来理解这种模式在未来更长的商业周期中会受到内外部因素怎样的影响。企业的每一位成员都应该参与到改进和重新思考公司商业模式的过程中来，这个工作不应该只是企业领导者的责任。一个好的商业模式进化的想法往往诞生在最基础的工作环节，因为每个人都拥有着“分立的知识”，企业应该把所有人的商业敏感调动起来，自下而上地梳理自发秩序力量带给公司商业模式演化的启发。当然，这样的一种动态管理的活动，需要一个可视化、结构化和模块化的商业模式分析工具来支撑。

二、系统设计工具箱

商业模式的系统设计描述了企业如何创造价值、传递价值和获取价值的基本结构。对公司整体商业逻辑的描述需要借助有益的设计工具，以达到可视化、结构化和模块化的分析效果。

可视化强调的是用图形来代替冗长的文字描述；结构化强调的是用来描述系统设计的图形应该有稳定的分析结构；模块化强调的是组成分析图形的不同结构是可以拆卸组合的。只有这样的设计工具才会让商业研究变得有趣且高效。按照这个要求，本书将介绍最有代表性的几个系统设计工具。

（一）商业模式九要素画布

在《商业模式新生代》这本书中，亚历山大·奥斯特瓦尔德（Alexander Ostenwalder）和伊夫·皮尼厄（Yves Pigneur）提供了一个商业模式分析的结构框架。奥斯特瓦尔德和皮尼厄的“商业模式画布”既可以用来锤炼商业模式的想法，也可以从中梳理出各要素之间的关联性。图 4－1 简要介绍了这种模板，后文中系统设计的工具应用板块就是借鉴这个分析框架，当然，本书也做了一些差异化的调整，使之能够更好地融入整个分析系统。

<table>
<tr><td rowspan="2">重要合作</td><td>关键业务</td><td rowspan="2">价值主张</td><td>客户关系</td><td rowspan="2">客户细分</td></tr>
<tr><td>核心资源</td><td>渠道通路</td></tr>
<tr><td colspan="2">成本结构</td><td colspan="3">收入来源</td></tr>
</table>

图 4－1　商业模式画布

（二）商业模式“四核心”板块

马克·约翰逊（Mark W. Johnson）在《抓住空白领域》一书中提出了“四核心”商业模式。约翰逊关注的重点是帮助企业创新商业模式，进入利润更高且竞争更小的“空白领域”。创办一家新的企业和不断对企业现有的商业模式迭代创新，这两者之间是有共通之处的，所以这个方法同样可以成为构建和优化商业模式的有用工具。图 4－2 所示的“四核心”模式比奥斯特瓦尔德和皮尼厄的“九区块”模式显得更简洁，并且各要素的内涵更广阔。在拆解分析商业模式时，“四核心”模式关注的是客户价值主张、盈利模式、关键资源和关键流程这四个要素之间的相互作用。

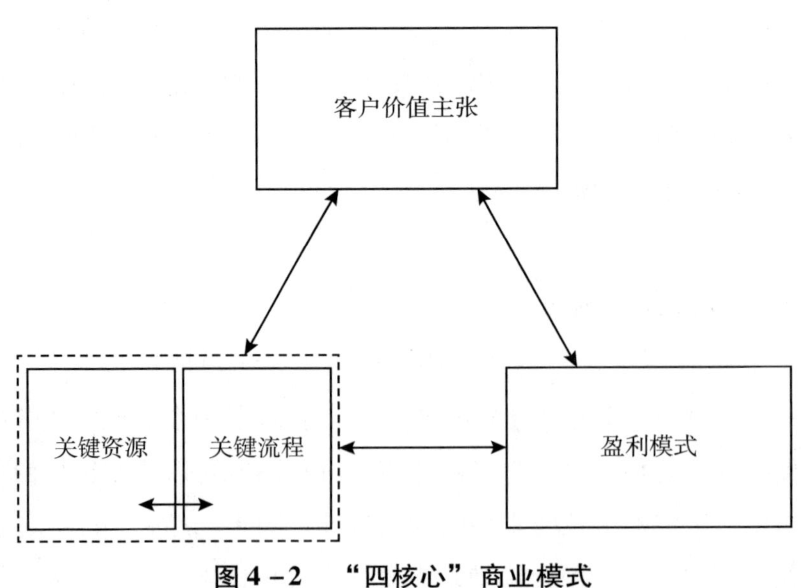

图 4－2　“四核心”商业模式

（三）商业模式轮式框架

商业模式机构（BMI）研究出了一种由八个部分组成的轮状分析框架来构建商业模式。BMI 模板的核心认知是：所有伟大的商业模式都应该拥有一个出色的产品、将产品货币化的能力，以及持续改进的能力。这三个核心要素又可以进一步拆分成八个要件，如图 4－3 所示。

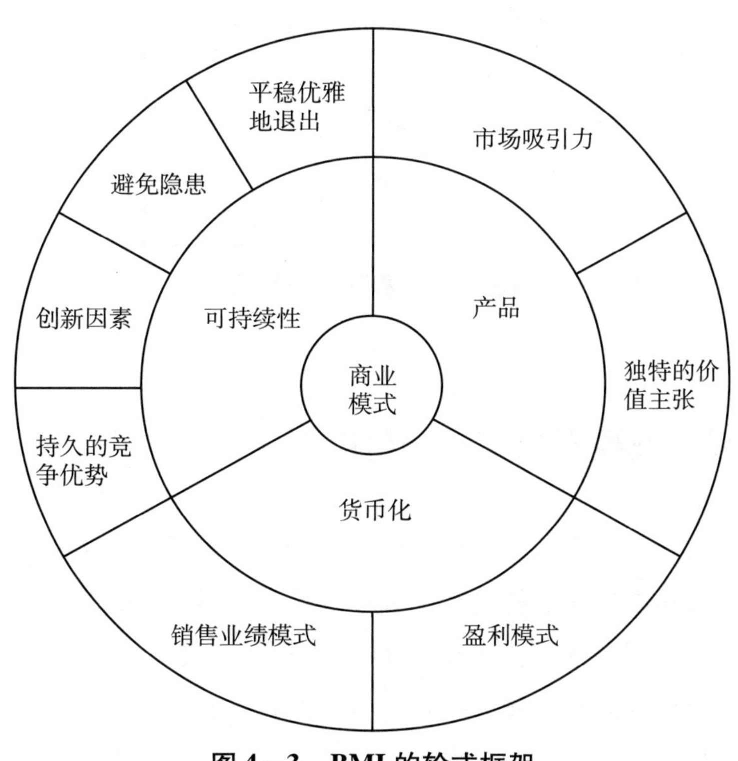

图 4－3　BMI 的轮式框架

（四）商业模式六要素体系

在国内，将商业模式进行系统介绍并将其推到公众视野的当属北京大学魏伟和朱武祥两位教授。在《发现商业模式》等著作中，他们从定位、业务系统、盈利模式、关键资源能力、自由现金流结构以及企业价值六个角度解析企业的商业模式，如图 4－4 所示。这六个要素是互相作用、互相决定的：相同的企业定位可以通过不一样的业务系统实现；同样的业务系统也可以有不同的关键资源能力、不同的盈利模式和不一样的现金流结构。这个分析体系无论对传统行业还是现代信息技术下的新兴行业都有借鉴价值。

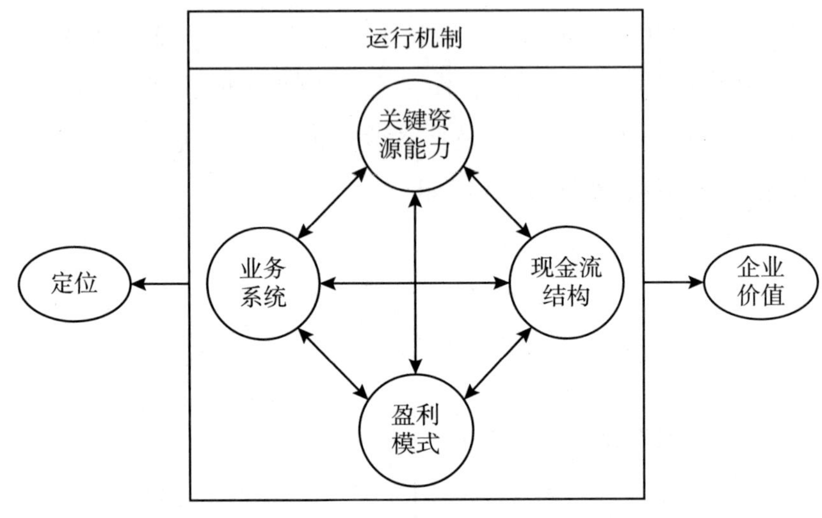

图 4－4　魏朱商业模式

三、系统设计九要素模型：分析框架

商业模式设计的结构理性要求企业的内部优势能够匹配外部机会；过程理性则要求企业决策制定和支持过程的程序理性，这种重叠共识的达成需要一个高效的沟通过程，同时也必然需要借助有力的分析工具。

商业模式可以简洁的定义为企业赚钱的方式。怎么去描述这个方式就需要系统设计。它可以勾勒出企业是如何创造价值、传递价值和获取价值的。不同的系统设计工具都有其自成一体的分析框架。实践中的经验表明，任何一次基于战略选择之后的对商业模式创新的讨论，如果希望取得良好的效果，那么都应该在开始时让每个人能理解战略选择的逻辑，以及随后进行的商业模式系统设计的框架内涵，这样可以方便参与者用同一种语言来描述和讨论。这里的挑战是这个分析工具必须直观易懂，但又不能过于简化企业运转职能的复杂性。鉴于此，本书最终对亚历山大·奥斯特瓦尔德和伊夫·皮尼厄的九要素分析模型进行了调整和优化。

本书讨论的九要素分析模型可以视为一种用来描述、评估和改进商业模式并使之可视化、结构化和模块化的通用语言。它使得企业能够描述和思考自身以及所在行业的竞争对手的商业逻辑。这个框架可以作为一种共同语言在不同参与方和不同场景下高效应用，它能让所有参与者方便地描述商业模式，并可以高效地构建新的战略性替代方案。如果没有这样一种共同语言，组织很难系统性地挑战某个商业模式的设想并创新成功。

（一）模型构建

本书的分析模型包括九个要素：第一，客户细分（customer segments），它是指企业或组织所服务的一个或多个不同的高价值客户群，如果是企业级客户，还需要了解它们的决策者，甚至需要思考该客户的战略竞争对手是否也需要纳入交易的范畴；第二，价值主张（value propositions），它是指解决客户难题和满足客户需求的基础商业逻辑，在进行商业模式设计时需要思考到底给目标客户提供什么样的产品与服务，如何真正地触动并满足客户；第三，客户关系（customer relationships），它是指在每一个细分市场与客户建立联系、互动沟通并且留住客户的方式，对于组织型客户关系的建立，可以采用战略对标、生态共享、采购计划共享和集成的联合供应链；第四，核心资源（key resources），它是指提供和交付先前描述要素所必备的重要资产，包括有形资产和无形资产，如关键技术、关键人才、关键设备、客户关系、平台网络等；第五，重要合作（key partnerships），它是指为满足客户需求必须建立的内外部连接，可以包括上游的供应商和下游的客户，以及供应商的供应商和客户的客户，有的时候超级跨界资源的引入和异业联盟的构建都很重要；第六，渠道通路（channels），它是指向客户传递价值主张并满足其需求的路径，如何找到目标客户，突破战略客户必要的认证和资质是关键能力；第七，关键业务（key activities），它是指为了运转商业模式而必须做的事情，包括研发、生产、销售等作业活动；第八，收入来源（revenue streams），它是指在满足客户真实需求之后的货币回报，这需要关注自身的盈利模式、客户价值、销售收入和利润预期；第九，成本结构（cost structure），它是指为满足客户真实需求所耗费的资源，包括变动性成本费用和固定性成本费用。

我们把这九个要素结构化到图 4－5 的分析框架中，建立一种可视化的分析模型。可以从任何一个起点开始构建系统。

<table>
<tr><td>核心资源</td><td rowspan="3">关键业务</td><td rowspan="3">价值主张</td><td rowspan="2">客户关系</td></tr>
<tr><td>重要合作</td></tr>
<tr><td>渠道路径</td><td rowspan="1">客户细分</td></tr>
<tr><td colspan="2">成本支出</td><td colspan="2">收入来源</td></tr>
</table>

图 4－5　系统设计九要素模型

这个结构图可以理解划分为四个区域。

右上角的区域是整个商业模式设计的思维起点，发现或注意到未曾满足的客户需求，而后提炼差异化的价值主张，思考如何构建动态互动且能自我生长的客户关系。

左上角的区域则是商业模式的实施框架，针对满足细分客户市场的价值主张如何处理事情，这就是关键业务的设计，它需要核心资源的支撑，也需要连接外部合作，最终借助渠道路径与客户建立长期互益的客户关系。

下半部分分为左右两个区域，右侧设计整个商业模式的收入环节和趋势，左侧则分析整个商业模式的成本结构和规模。

在战略分析识别了内外部风险和机会之后，商业模式的系统设计则给出了更具体的行动想法。

（二）要素解读

1. 客户细分

企业进行商业模式九要素分析系统的设计，一个相对科学合理的切入点应该就是“客户细分”。客户细分构造块用来描绘一个企业想要接触和服务的不同人群或组织。客户是任何商业模式的核心，甚至企业最重要的工作就是创造客户。当然，我们也可以说用户是任何商业模式的核心，但是如果没有可以持续赚取收益的客户，企业就无法长久存活，所谓的流量变现其实就是把用户转变成客户。为了更好地满足目标客户，企业可能把客户细分成不同的类别群体，在同一个类别群体中的客户往往具有类似的行为属性。企业在构建商业模式的时候，可以界定一个或多个或大或小的客户细分群体，但是企业必须明确，自己不可能同时满足所有人。企业需要有明确的客户画像，找到潜在的真实需求，一旦做出决议，就可以凭借对特定客户群体需求的深刻理解，差异化地设计相应的商业模式。

2. 价值主张

价值主张构造模块用来描绘为特定客户群体创造价值的系列产品和服务的核心特征。价值主张是客户追随一家公司而非另一家公司的根本原因，它解决了客户困扰或者满足了客户需求，为客户创造了价值，换句话说，它解决了客户的“痛点”或“痒点”并制造了“爽点”。价值主张需要满足特定客户细分群体的需求，它是公司提供给客户的受益集合或受益系列。有些价值主张可能是创新的，并表现为一个全新的或颠覆性的产品或服务，而另一些可能与现存市场提供的产品或服务类似，只是增加了某些功能或特性。价值主张通过迎合细分客户群体的独特需求来创造价值。这里的价值可以是定量的（如价格、服务速度），也可以是定性的（如设计新颖、品牌体验）。

3. 客户关系

客户关系构造模块用来描绘公司与特定客户细分群体建立的关系类型。企业应该厘清希望和每个客户细分群体建立的关系类型。客户关系类型可以是个人助理型，如银行对贵宾客户的服务；也可以是自助服务型，如个人取钱时使用的ATM；还可以是共同创作型，如小米的粉丝社区。企业如今更需要和客户建立一种基于数据驱动的客户关系，一旦企业拥有客户沉淀的交易数据，企业就可以更好地挖掘客户价值，增加客户的转换成本，提升客户的忠诚度。

4. 核心资源

核心资源构造模块用来描绘让商业模式有效运转所必需的资源禀赋。每个商业模式都需要核心资源，这些资源使得企业组织能够创造和提供价值主张、接触市场、与客户细分群体建立关系并赚取收入。不同的商业模式所需要的核心资源也有所不同。核心资源可以是实体资产、金融资产、知识资产、人力资源或关系资源。核心资源既可以是企业自己拥有，也可以是从合作伙伴那里获得的。

5. 关键合作

关键合作构造模块用来描述让商业模式有效运转所需的价值网络。企业会基于多种原因打造合作关系，合作关系正日益成为许多商业模式的基石。很多公司创建联盟来优化其商业模式、降低风险和获取资源，因为一家企业不可能拥有自身经营需要的一切资源和能力，而当今商业的一个重要特征就是从所有权向使用权在转化。所有权强调的是持有，而使用权强调的是连接。通过连接构建商业网络可以让业务更加迅速生长。然而，对所需核心资源如果过于依赖某一个不可替代的第三方，这将增加企业经营的“黑天鹅”风险，特别是当这个第三方并不依赖企业自身的时候。商业模式的脆弱性需要组织高度警惕。

6. 渠道通路

渠道通路构造模块用来描绘公司是如何沟通、接触其客户群体并传递其价值主张的。渠道通路是客户接触企业组织的界面，它在客户体验中扮演着重要角色。渠道通路应该具备以下功能，包括：提升公司产品和服务在客户心智中的认知；帮助客户评估公司的价值主张；协助客户购买特定产品和服务；提供售后服务支持。企业如今需要构建线上线下相结合的渠道通路，线下关注客户体验，线上拓展商业空间。

7. 关键业务

关键业务构造模块用来描绘为了确保其商业模式可行，企业必须做的最重要的事情。任何商业模式都可能需要多种关键业务活动，它往往用来体现企业的差异化。正如核心资源一样，关键业务也是创造和提供价值主张、接触市场、维系客户关系并获取收入的基础。关键业务也会因商业模式的不同而有所区别。一般而言，关键业务可以分为制造产品、解决问题和构建平台三种基本模式。当然，这三种基本模式可能是一种依次演进的过程。

8. 收入来源

收入来源构造模块用来描绘公司从每个客户群体中获取的现金收入。如果客户是商业模式构建的起点，那么收入来源就是让其持续下去的基础。收入来源有两种基本类型，即一次性收入和循环收入，前者是通过客户一次性支付获得的交易收入，后者是客户为获得产品或服务的价值而持续支付的费用。一旦企业拥有持续让客户掏钱的能力，也就是所谓的“一次营销，终身收费”，这样的商业模式就拥有更强大的“护城河”，也就更具备扩张的价值。

9. 成本结构

成本结构构造模块用来描绘运营一个商业模式所引发的所有资源耗费。创造客户、维系客户关系以及获取收入都会耗费组织资源，这些资源耗费对象化之后就是成本。这些成本在确定核心资源、关键业务与重要合作后可以相对容易地计算出来。在每个商业模式中成本都应该被有效控制，但是低成本结构对于某些商业模式来说比另外一些更重要。因此，有些公司的商业模式是成本驱动型，而有些则是价值驱动型，当然，许多商业模式的成本结构介于这两种极端类型之间。

（三）从系统设计到财务测算

通过九要素分析模型构建了整体性的商业逻辑之后，企业可以简单估算一下项目的财务业绩，这里可以运用一个非常实用的分析工具：息税前利润（EBIT）的本量利分析。

$$Q(P - V) - F = EBIT \tag{4.1}$$

P 定义为价格，可以是产品或服务的价格，也可以是客单价；

V 定义为业务中的变动性成本，可以是随产品或服务的量的增加而随之增加的成本费用，也可以是能够归集到针对单位客户所耗费的资源；

Q 定义为量，可以是产品或服务的销量，也可以是客户的数量；

F 定义为固定性成本费用，它是指那些不随 Q 的变动而变动的经营成本或费用。

进一步地，通过 EBIT 的本量利分析，可以简单测算出项目的预期收益，如公式（4.2）所示：

$$(EBIT - I)(1 - t) = NI \tag{4.2}$$

这里的 I 代表财务利息费用；t 代表企业所得税率；NI 代表净利润。

如果能够大概测算出项目的净利润，再借助乘数估值的方法（如市盈率乘数）就可以简单得到项目的市场价值了。[①]

四、系统设计九要素模型：演进优化

商业模式的系统设计不会是一成不变的，它一定是一个不断演进和优化的过程。这就需要熟悉竞争对手的策略，做好差异化，完善公司自身的商业模式。

企业需要全面解读自身商业模式所处的内外部环境，并思考这些环境的变

---

① 关于估值的相关论述，可以参看本书第六章的相关内容。

化对公司未来发展所产生的影响。在今天的商业环境中具有竞争力的一种商业模式，如果放到将来的商业环境中，就可能变得过时而没有可行性。对市场环境变化的深刻理解，有助于企业更好地评估自身商业模式可能的演变趋势以及不同的商业模式所适应的环境场景。对商业模式进行周期性的动态评估和调整是一种重要的管理策略，这可以成为商业模式不断改进优化的基础，甚至能在商业模式的创新上产生一些深刻的影响。

（一）系统设计九要素模型的横向比较

企业在进行了外部宏观经济形势 PEST 分析和行业五力模型分析之后，可以更好地理解市场存在的机会和威胁，而基于迈克波特的三大竞争战略则可以更好地挖掘自身的优势和劣势，最后通过 SWOT 综合分析框架则能够结构化地匹配内部优势与外部机会，从而找到属于自己的市场定位。然而，同样的市场定位一定有不同的竞争者，并且竞争者之间会有不同的策略，这就需要企业能够进行商业模式的横向比较，这个工作可以借助表 4－1 来进行。

表 4－1　　九要素模型比对分析

要素	公司当前模式	竞争对手模式	重大差异
核心资源			
关键业务			
重要合作			
渠道通路			
价值主张			
客户细分			
客户关系			
收入来源			
成本支出			

（二）系统设计九要素模型构造块的 SWOT 分析

商业模式的横向比较可以分析不同模式之间的差异性。这些差异可能同时体现在模式的整体和细节上。商业模式的整体分析和细节上的构造块分析是相辅相成的。例如，在一个构造块上的劣势可能会对其他一些构造块甚至是整个商业模式产生负面的影响。因此，商业模式评估是在个体构造块和整体模式的视角间交替进行的。

分析商业模式的整体效果非常重要，但单个构造块的具体化分析也可以给商业模式的创新和改进提供好的建议。行之有效的方法就是借助商业模式九要素框架，使用经典的SWOT（优势、劣势、机会和威胁）模型进行分析。SWOT分析法提供了评估商业模式各元素的四个不同视角，而商业模式九要素框架提供的是一个可以进行结构化讨论的平台。SWOT分析法会提出四个简单的问题：公司的优势和劣势分别是什么？公司面临的机会和威胁分别是什么？在关注这些问题时，如果能同时从商业模式的整体和其九个构造块的角度考虑与竞争性商业模式的比较，将会十分有用。这种SWOT分析法，如表4-2所示，为进一步优化商业模式的创新设计提供了一个良好的分析思路。

表4-2　　九要素SWOT分析

要素	优势	劣势	机会	威胁
核心资源				
关键业务				
重要合作				
渠道通路				
价值主张				
客户细分				
客户关系				
收入来源				
成本支出				

（三）系统设计九要素模型构造块的蓝海策略

蓝海战略这一概念是由金（Kim）和莫博涅（Mauborgne）在他们的畅销书《蓝海战略》中提出的。商业模式九要素与蓝海战略分析模型的结合为企业优化现有的商业模式提供了强大的分析框架。

蓝海战略是通过改变现有的商业模式来区分与竞争对手的模式，从而创造出新的行业和市场空间。在通过 SWOT 分析了解了企业与竞争对手商业模式九要素的优劣之后，可以借助金和莫博涅提出的“四项行为架构”分析工具来检查并反思企业现存的商业模式，并尽可能地创建一种既能够降低成本又能够创造价值的全新设计。

金和莫博涅提出的“四项行为架构”包括剔除、降低、提升和创造四个主要行动。剔除是指哪种被行业认为是理所当然存在的因素可以被剔除；降低是指哪种因素应该被降低到行业的标准之下；提升是指哪种因素应该被提升到行业的标准之上；创造是指哪种行业中没有的因素应该被创造出来。企业的商业模式九要素蓝海分析表（见表 4－3）是一个强大的分析工具，它可以指导企业创造价值的同时降低成本。

表 4－3　　九要素蓝海分析

要素	增加	减少	创造	剔除
核心资源				
关键业务				
重要合作				
渠道通路				
价值主张				
客户细分				
客户关系				
收入来源				
成本支出				

（四）商业模式九要素构造块的未来期望

企业在通过战略分析了解了商业模式设计的内外部环境之后，接着运用 SWOT 分析框架与竞争对手的商业逻辑进行全面的优劣比较，而后再借助蓝海战略的四项行动框架进一步优化调整当前系统，最终构建了企业未来期望的业务系统，如表 4－4 所示。当然，这显然是一个没有止境的过程，企业需要通过精益实施来检验新业务系统的可行性，这就是本章第三节的内容。

表 4－4　　九要素模型趋势分析

要素	公司当前模式	未来期望模式	重大差异	障碍与挑战
核心资源				
关键业务				
重要合作				
渠道通路				
价值主张				
客户细分				
客户关系				
收入来源				
成本支出				

第三节　模式设计中的行为理性：精益实施

商业模式设计的结构理性关注的是企业内部优势与外部机会的匹配，过程理性关注的是决策制定的程序理性，它强调的是充分的意见交锋之后的重叠共识，而行为理性关注的是决策实施过程的程序理性，这需要借助精益实施的行动框架。

在这个世界里，“知识”是被分散储存的。决策者不可以自负地认为自己可以完全理解这个市场的趋势和用户的潜在需求。用户可能根本没有决策制定者猜测的需求；就算有，也不一定能让用户知道企业有解决方案；就算用户知道了，他们也可能完全不接受企业设计的这套方案；即使愿意接受，企业可能也没有资源和能力实现；就算能实现，企业也未必能比竞争对手做得更好；即使做得更好，也只能代表今天做得好，并不能代表明天能做得更好。所以，商业模式的创新设计在带着雄心之余也需要饱含敬畏之心。

在一个合适的细分市场上，构建差异化的业务系统，项目落地的时候一定要有精益实施的理念，否则会导致大规模的失败，这才是创业行为最糟糕的敌人。精益实施的概念受启发于莱斯的《精益创业》这本著作，本书对相关著作中精益思想的提炼形成了这部分的基础内容。

一、精致创业、经验创业与精益创业

创新创业这个词给人感觉很新颖，富有创意、饱含激情，而管理这个词则让人感觉沉闷、传统、乏味。创新是有效试错的副产品，创业是存量资源创新连接后的商业化。不管我们是理性地还是疯狂地对待创新创业，如何萃取这个过程中的程序价值，降低试错的成本，提升成功的概率，这都是值得持续思考的问题。

创新创业有两种流行的管理模式：一种可以称作精致创业，它依赖好的计划、可靠的战略和深入的市场分析，因为这些都是衡量成功可能性的指标；另一种我们称之为经验创业，当目睹运用传统管理方式无法摆脱困境后，创业者和投资人干脆就跟着感觉走。这两种管理逻辑对于新创企业而言都可能会造成致命的伤害。

创业的最终目的是在商业上获取成功并为投资人创造股东财富。这一点是所有商业的本质，只不过创业所面临的不确定性远高于成熟企业，所以我们才会对创业的失败给予更多的宽容。但宽容错误并不代表可以放纵错误，有时我们往往把“学习”当作掩饰执行失败的惯用借口。

精致创业的逻辑缘于创业者特别害怕这样的伪真理：用户会排斥一个太小或太有限的有瑕疵的最小化可行产品。企业发布未经先期测试的成型产品，正体现了这种畏惧态度，这些人就是无法接受在产品尚未“完备”之时就开始测试。

所以，精致创业是一种“火箭发射式”创业思维。它需要进行详尽的商业尽调，周密的商业设计，完美的产品计划。这种精致创业模式是以自我为中心开展创业，依靠天才式的机会感知能力叠加天才式的商业创想，在一个自以为高度预知和可控的创业环境中，根据有限的参数与已知数据，期待对未来进行准确预测和分析，然后借助完美的计划叠加完美的执行，最后一炮走红、一鸣惊人。

火箭发射式的创业逻辑让人担忧的是：在整个创业过程中，缺乏早期的反馈和持续的试错及验证，创业者把所有的赌注都集中在最后按下按钮的那一刻。但在创业过程中，如果等到按下按钮的那一刻，一切可能都太迟了。

与精致创业相反的另一种创业逻辑是经验创业。这种模式沉迷于创业者或投资人过往的经验，固执地跟随自我的感觉，虽然他们不认为周密的计划会对成功有多少真正的益处，但是也没有对真实的市场数据反馈给予有序的消化并迅速做出调整。组织最终深陷混乱的泥潭。

与精致创业和经验创业不同的是精益创业模式。精益创业的名称来自精益生产。精益思想大大改变了供应链和生产系统的运作方式。它强调吸取每位员工的知识和创造力，把每批次的规模缩小，实时生产和库存管理，以及加快循环周期。精益生产让全世界懂得价值创造活动和浪费之间的差异。制造业的发展是用高质量和实体产品生产来衡量的，而精益创业则采用不同的发展单元，这些发展单元被称为“经证实的认知”而后再迭代进化。

所以，精益创业是一种“自行车骑行式”创业思维。首先，你必须明白，看人家骑车并不代表你会骑车，特别是如果你从来没有跨上过自行车的座板，创业者也需要切身体验；其次，骑自行车从来不可能有细节的程序规划，你可以设定你的目的地，但怎么过去需要根据路况实时调整，这种调整是骑行者经验的反应，甚至无法用成文规则描述清楚；最后，骑行者在路况艰难的时候可以下车观察，可以推行，甚至在沿途发现未曾预料到的迷人风光时可以随遇而安，这样的灵活性是火箭发射者无法获得的。

由此可见，自行车骑行式创业模式从精密设计转向科学试错。在现实的场景中，用户的痛点及其解决方案在本质上都是未知的，痛点和解决方案在没有真实数据反馈前其实都是想象中的存在和可行。作为创业者切不可过早大规模地去执行一个没有经过验证的产品和商业模式，这混淆了探索和执行的边界，新创公司的失败往往是下意识地模仿大公司的行为结构，但后者是在执行一个已知且可行的商业模式。

精致创业的逻辑是：在一个未来可预测的时空中，我们做好计划和安排，最后一鸣惊人；经验创业的逻辑是：未来都在我过去的经验中，一切尽在掌握；而精益创业的逻辑是：唯有通过快速地市场检验，加快开发周期，才能迭代成长。

在精益创业之后往往是通过精致管理来提升工业层面的效率，这会积累经验。但这些精致管理与经验都并不成为企业在未来面临新一轮不确定性的时候适宜绝对遵循的逻辑。所以精益创业相对于精致创业和经验创业而言，它是从以自我感知为中心导向到以用户体验为中心，从以理性预测或经验认知为导向到以行动求证为导向。再完美的商业计划也只是前提和假设，客户开发和产品开发需要同步进行，产品开发不是创造自己想象中的产品，而是根据客户的反馈数据来开发，从这个角度来看，客户开发是产品开发的先导。当你根本不知道谁是你真实的客户时，你也根本不清楚什么是产品的高质量。

二、精益实施的理论基石与学习工具

面对未来的不确定性，创新创业者构建自己的商业方案来解决客户的“痛点”和“痒点”，并随之创造价值。精益创业要求人们用不同的方法衡量生产力，精益创业是研究创新产品开发的一种新方式，强调要同时兼具快速循环运作和对顾客的认知、远大的理想，以及壮志雄心。

在精致创业的逻辑中，产品概念，产品开发，内部或公开测试，投放市场，每一个环节都被精致设计，然而，所有的认知都来得太晚。用户调研的对象往往都不是真实的用户，用户也从来不会为他所提供的错误意见负任何责任，这是非常令人担忧的现实。用户往往到最后环节才会真正地参与到项目中来，因此，直到开发完毕，进入测试阶段，创业团队才真正进入学习和认知的阶段，但可能为时已晚。成功的商业模式设计的关键问题在于是否具有正确的认知，用户的反馈过程是否从一开始就结合在创业的过程中，这非常重要。再完美的商业模式也经不起和客户的第一次真实接触，再完美的商业模式在和客户第一次接触时基本上也就完成了历史使命。新公司失败，有时根本不是因为产品开发而失败，而是因为缺乏客户而失败。

在创新创业领域，我们需要关注两个基础性理论，一个是摩尔的“鸿沟”，另一个是克里斯坦森的“破坏性创新”。

杰弗里·摩尔在《跨越鸿沟》一书中对客户进行了有益的分类，他们依次是技术爱好者，产品尝鲜者，实用主义者，保守主义者，最后是怀疑主义者。在早期尝鲜者与实用主义者之间存在巨大的市场鸿沟，大多数初创企业难以跨越，最终倒在预期增长的前夜。所以早期的客户开发非常关键，让用户从最初就融入创业过程。这部分领先用户对技术敏感，有创新欲望，他们不仅局限于自己使用，还会积极地为使用场景中的“痛点”提供解决方案。他们为一个成型产品的推出积累真实数据、功能需求和路径指引。这是最考验创业者神经的一个阶段，既需要耐心也需要雄心。

克里斯坦森在《创新者的窘境》中深刻地提出了“创造差异性”这一与其更好不如不同的商业底层逻辑。破坏性创新理论指出，创新产品可以从市场边缘切入，最终进入市场主流，颠覆行业巨头，使领先者丧失行业优势。这种低端切入、高端重构、移轨创新、跨界整合的逻辑在今天已经成为显学。

这两个理论分别从市场的鸿沟与产品的移轨给出了商业模式创新设计所面临的场景。这两个问题的背后其实都隐藏着一个严肃的问题：如何真正做到以用户为中心。为此，企业需要探索如何跨越不连续性。这里的不连续性包括市场需求的鸿沟和产品功能的鸿沟。这里的鸿沟可能是向下的悬崖，也可能是向上的高峰。为此，创新创业者需要进行目标用户排序和产品功能排序，做好集中市场，单品突破，单点突破。企业在进行商业模式创新设计的过程中，可以通过三种方式来了解用户的“痛点”并设计解决方案，这体现了行为理性的特征。

1. 头脑风暴

创意并不是需要悉心保养的珍贵珠宝，而是摩擦碰撞产生的火花，钻石诞生于巨大的压力，用尖锐的问题去考验创意才是激发创造力的正确方法。在头脑风暴的过程中，每个参与者都要意识到先入为主的危害，学会推迟判断，注重意见数量，鼓励大胆的想法，有时利用可视化的工具而不仅仅是语言的交锋会取得更好的效果。

2. 深度访谈

头脑风暴是带着同理心，而深度访谈则利用交互性挖掘更直接的功能性“痛点”和体验性“痛点”。在访谈过程中也要尽量不带预设，不要过早引入价值判断，深入挖掘和预期不相符的维度，关注用户和利益相关方的差别体验。有时在一个真实场景中你会发现，过去设想的“痛点”和解决方案仅仅是想象。

3. 交互学习

成功的经验不一定值得借鉴，但失败的教训一定需要提炼。从别人的失败中学习是降低试错成本的重要途径。换句话说，试错者并不一定是自己，我们需要懂得如何交互学习。当我们把想象的“痛点”去逼近真实的“痛点”时，想象的解决方案也就随之得到修正。我们需要意识到的一点是，“痛点”是有程度和时效差别的，其大小决定了商业模式的空间，而“痛点”的持续性决定了商业模式的经济寿命。每一个“痛点”都是一个机会，推动创新的往往不是创业者的无病呻吟，而是焦虑和生气的客户。这些未被满足所带来的“痛点”可能就是一个需要跨越的鸿沟，那些被忽略的产品功能或交易中的烦琐可能就是下一个带来市场秩序重构的创新点。

三、MVP 与认知循环

探索一种新技术的可能性从来不是一件难事，而要搞清楚在使这项技术商业化的过程中，需要抓住哪种机遇，抵抗哪种诱惑则困难得多。科学攻关固然不容易，商业创新其实需要更复杂的资源和能力的整合。从某种意义上来说，不能变成金子的点子不是好点子。商业面临的问题更多的是不缺创造性的解决方案，缺的是有利可图的解决方案。要把一个商业模式设计从原型草稿搬到现实场景，我们必须同时在两个完全不同的领域取得成功，一个是消费者领域，另一个是商业领域。

一般而言，幸存的设计方案背后的创意都是那些对公司最具战略吸引力且最能充分利用公司存量资源的创意，所以，它们最有可能为公司带来最大的回报；一个商业模式创新设计的方案能否继续前行，取决于它是否能取得盈利或为公司创造竞争优势，商业模式的设计方案是否会被拒绝，取决于其背后的成本和风险。

所谓创造力就是将看起来完全不相关的两个事物联系起来的能力，把消费者的“痛点”和商业结构上的“痛点”视为两个点的集合，然后尽可能用存量资源把它们连接起来。这样一个创造性连接的过程就是商业模式创新设计的要点所在，但是需要对它进行反复测试。有的时候，一些创意之所以看起来很了不起，恰恰是因为它们永远无法实现。所以小规模的试错是很重要的。

创新往往会带来破坏，带来市场秩序的重构。然而，创新在带来对市场破坏的同时，也会带来对公司原有生态的“破坏”，这包括对组织结构、公司文化、资源配置逻辑等方面的挑战。当一个会对市场带来破坏性创新的商业模式设计方案提出后，如果它对公司组织的破坏性一样大，这才是组织真正面临的挑战。

时至今日，更多的企业创新还只是一个“黑匣子”，如何把创新的原始材料转变为真实世界里的突破性成就，企业组织需要面临两个维度上的挑战：一个是财务上的可行性，另一个是组织上的包容性。真正的创新一定是戴着“商业”的镣铐并要突破组织的“枷锁”砥砺前行，创新性与可行性同等重要。

正是在这样的逻辑下，精益创业思想显得弥足珍贵。它避免了精致创业中鲁莽的未经验证的大规模投放，也修正了经验创业中过于自负所带来的路径依赖风险。精益的思维方式把价值定义为“向客户提供价值”，除此之外的任何东西都是浪费。在这样的逻辑下，企业的财务压力和组织挑战都会降到最小。于是，精益创业提供了一个经典的管理概念——“MVP”。

MVP（Minimum Viable Product）就是最小化可行产品。MVP 的产品版本可以让企业花最少的力气、用最短的开发时间，经历一次完整的从“概念”到“概念”认知提升的商业循环。这个商业循环包括“概念”“开发”“原型”“测量”“数据”和“认知”六个循环往复的步骤，如图 4－6 所示。

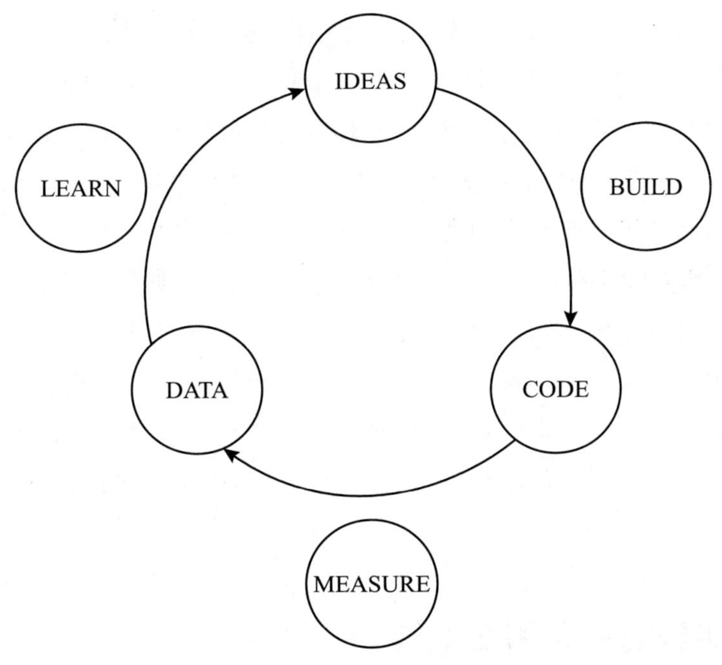

图 4－6 MVP 循环

资料来源：埃里克·莱斯：《精益创业》，中信出版社 2018 年版。

MVP 精益创业的核心逻辑就是尽量把反馈循环流程的总时间缩减到最短。新创企业应该更早地看到转型时刻，减少时间和金钱上的损失。MVP 强调通过创造性的类比和嫁接，用有限资源在有限时间中创建针对天使用户的最小功能组合。然后通过测度与数据收集，与预设指标比较，获取认知，学习与迭代，放弃一切无助于认知的功能，尽快进入下一轮“开发”。

在确定的世界，商业目标是按时、按量、不超预算地完成；在不确定的世界，科学试错、小步快跑、迅速失败、迅速回来才是王道。精益创业不能让我们一次做对任何事情，它只能让我们转向更准、调整更快。精益创业不是帮我们跑步，而是帮我们找路，它不是帮我们长得更快，而是帮我们减少停滞和偏差的时间。找到路，远比跑得快更重要。创业打造的是一个自学习自进化的组织，创业的目的是探索出可复制和可升级的商业模式，创业公司真正的能力是“学习”（找到方向和发现机会）的能力，创业公司真正的积累是“可验证的认知”。

如果我们能够更早地发现没有客户，那就再次回到开发阶段，而不是轻易的大规模前进。精益创业的六步循环，其实就如同成熟企业的预算管理流程，所不同的是，传统企业的全面预算之所以能够以销售预算为起点，那是因为在一个相对成熟的市场，未来的不确定性已经得到有效的识别，所以可以从销售预算导向生产、采购以及其他业务活动，并形成一个年度性的周而复始的程序化活动。而创新创业活动是在一个相当不确定的环境中，所以需要有更有效的认知过程来化解不确定性所带来的风险。因此，很重要的一个步骤就是用户开发，它的核心反馈机制就是通过循证的循环往复（可以视为一个极短的预算周期），免除大规模的财务危机。认知循环的加速可以令现金需求最小化，产品和服务功能组合最小化则可以加速认知周期循环，功能必须靠用户催生，而非简单的想象堆积。创业者要战胜的不仅是对某一产品功能的把握，更是对自己内心欲望和恐惧的管理。所以，精益创业的管理思想可以再一次回归到传统的预算管理逻辑中，它只是将传统预算逻辑在全新场景中进行了革命性的应用实践。

四、精益实施的三大测度工具

商业的成功和失败之间的差别在于，成功的创业者有能力和工具去发现他们的计划中哪些部分合理高效，哪些部分过于天真。客户永远是商业模式中最重要的部分，如果不能清晰定义细分客户，也就不知道什么是产品或服务的质量。找对了客户，即便是低质量的最小化可行产品也能为开发高质量的产品或服务提供指引。即使有时候客户认为该最小化可行产品是低质量的，也应该将其视为一个机遇，因为它可以指引我们去了解客户在意的是什么品质，这绝对比凭空想象或纸上谈兵好得多，它为开发未来的产品提供了坚实的实证基础，很多著名产品都是以低质量的状态推向市场的，而用户就是喜爱它们。

所以，创新创业需要确定一个市场数据的基准线，然后从测试中得到数据，依此调整引擎，找到业绩动因并投入资源驱动成长。如果业绩得不到改进，无法推动商业模式中的驱动因素，就不会取得进步，这说明“开发”已经到了转型时刻，创业者必须尊重市场的选择。

最具摧毁性的浪费并非来自低效的工作组织，而是把工作浪费在错误的东西上，并且还是在工业层面的大规模浪费。德鲁克说，没什么比高效地做一件根本不该做的事更加徒劳的了。但是创业的过程中，创业者们非常有可能夜以继日地做着错误的事。特别是在没有以真实数据的反馈为下一步工作的依据的时候，这种疯狂就太可怕了。我们必须明白，更努力的工作是不够的，很多创新创业公司的问题是因为用力过猛引起的，而且还是在错误的事上用力过猛。所以，精益创业下的 MVP 就是带着商业和组织的双重枷锁，谦卑又高效地去检验自己创建的商业模式或新产品，获得真实的市场数据，通过有效试错而后迭代进化。在这个过程中，我们需要从关注总数指标转向以分期为基础的指标，从关注事后的因果分析转向实时的对比测试，甚至多版本测试，并且定性与定量相结合。这里有 3 个工具能够辅助我们改进“认知”完善“概念”，它们分别是对比测试、同期群分析和净推荐值。

1. 对比测试

对比测试也叫 AB 测试。谷歌和亚马逊公司每年都会进行大量的 AB 测试，而这些测试往往是在用户毫无察觉的情况下完成数据收集，如将公司标志移动几个像素的位置，调整广告上背景颜色的序列等，将这些调整应用到 0.5% 的用户，而后再观察调整后的点击量变化。

2. 同期群分析

该工具帮助企业把用户分成不同时期的用户群，对每一个用户群的行为和趋势进行更加精确的判断。如果企业只关注用户数的增长，只单纯地看这样一条曲线，就会感觉用户数在不断增长，但这种总量测度会掩盖很多不同时期不同用户群的行为差异或者活跃度的差异。把用户分解成不同时期的群组，对每一时期获得的用户进行不同时期的分析，可以看到用户的活跃度，以及进入、退出、流失的细分数据。所以，在创新核算中，企业需要跳出虚荣指标，分析可执行指标。

3. 净推荐值

净推荐值（Net Promoter Score，NPS）是产品最终生命力的风向标，它可以用来测度用户的黏性，这可以通过产品的“净粉丝量”来计量。产品或服务的关注人群可以划分为三类：产品的支持者，产品的诋毁者和中性用户。如果用产品支持者（promoters）的数量减去诋毁者（detractors）的数量，就可以预估产品未来的发展空间和潜力，用户群中能够带来正向传播的力量抵消掉负向传播的力量，最终所获得的传播的净值就是净推荐值。净推荐值与增长密切相关，它的不同可以导致三类增长引擎：第一种是黏着式增长引擎，即用户新增率大于用户流失率；第二种是病毒式增长引擎，这是指推荐系数大于1的增长，让用户来催生用户；第三种是付费式增长引擎，这需要用户终身价值大于用户成本，才会使付费变得有利可图。对于“客户终身价值”和“获客成本”的讨论，我们将在本书第六章给出相关的量化分析。病毒式增长是所有创业者的梦想，它取决于产品或服务对用户“痛点”解决的程度以及这个用户“痛点”的痛感程度和持续性。大多数创新企业只能通过自身资源的付出才能换来用户的增长。

第四节　本章小结

企业的商业模式设计需要遵循市场中的自发秩序。企业需要发现市场机会，然后利用自身的优势构建商业模式创新设计的结构理性。在一个合适的市场细分中，差异化的商业模式设计需要遵循过程理性。在一个开放性的意见交锋过程中，不同背景的成员，不同利益的诉求，借助结构性的九要素分析框架，形成重叠共识，并进行动态管理。在商业模式设计的实施环节，企业需要遵循精益实施的基本原则，这体现了行为理性的特征。

第五章 基于程序理性架构的企业价值管理研究

第一节 价值管理中的结构理性：公司治理

商业模式的设计需要企业的内部优势匹配外部机会以找到一个合适的市场定位（结构理性），然后构建一个差异化的交易系统（过程理性），最后需要借助精益实施来不断迭代优化（行为理性）。企业商业模式的成功需要价值管理系统的支撑，而企业价值管理水平的提升也有赖于一个结构化的程序理性流程，它可以更好地梳理企业价值创造的自发秩序力量。程序理性的三个方面，即结构理性、过程理性和行为理性，共同决定了企业价值管理的业绩结果。这里我们首先从结构理性的层面进行阐述。

价值管理的结构理性是指关于企业决策制定权合约安排的程序理性。企业决策制定权的合约安排应该尽可能地让合约的剩余索取权和剩余控制权动态对应，这就体现为价值管理的结构理性。恰当的合约结构能够让企业的各利益相关者拥有平等的决策参与机会，为其后的过程理性和行为理性奠定基础。企业各利益相关方在一个好的合约框架下，基于一定的成文或不成文规则的约束，通过相应的决策和管理流程，能够约束权威的滥用，减少试错的成本，更好地引导价值创造的自发秩序力量。

一、利益相关者与公司治理结构

（一）利益相关者的概念界定

结构理性强调企业决策制定权的合约安排。企业的治理结构能否满足结构理性的诉求，这有赖于一个动态调整的参与机制。从某种意义上来说，谁的权益会受到企业相关决策的影响，谁就应该有权力对企业决策机制施加影响，或至少应该拥有自己的主张能够被决策主体倾听的机会。鉴于此，一个高度参与性的公司治理结构必须关注这样一些问题，比如，如何界定企业的利益相关者？为什么要将利益相关者的利益纳入企业决策进行考虑？如果应该考虑利益相关者的利益，那么实践中应该通过何种机制实现这一目标？这种对利益相关者利益考虑的实现机制对企业价值管理的改进是否有效率？这里的利益相关者是指那些能够影响一个组织目标的实现，或者受到一个组织实现其目标过程影响的所有个体和群体。企业不仅应该将影响企业目标达成的个体和群体视为利益相关者，同时也应该将受企业目标达成过程中所采取的行动影响的个体和群体看作利益相关者，他们不仅包括客户、员工、股东和债权人，也包括当地社区、政府部门甚至环境保护主义者。

（二）公司治理的相关概念

企业的价值管理需要关注企业顶层权力结构中的利益冲突。最早观察到企业存在利益冲突并意识到委托代理问题的是亚当·斯密。亚当·斯密有力地指出："在钱财的处理上，股份公司的董事为他人尽力，而私人合伙公司的伙计，则是为自己打算。所以，要想股份公司的董事们监视钱财用途，像私人合伙公司的伙计那样用意周到，那是很难做到的。"① 现代公司治理问题研究起始于伯利和米恩斯（1932）在他们创造性的实证研究中提出的被称为"所有权与控制权分离"的命题，然而，公司治理问题作为学术界和理论界研究和实践的焦点还是近20年的事。

蒙克（Monks）把"公司治理"定义为影响公司的方向和业绩表现的各类参与者之间的关系。主要参与者包括：（1）股东；（2）经理；（3）董事会；（4）其他利益相关者。它们之间的关系涉及主要参与者的权利、责任和影响，以及在决定公司的方向、战略、业绩表现上能做什么和应该做什么。② 由此延伸出的一个问题是，谁能从公司的决策中获利和谁应该从公司的决策中获利。当两者存在矛盾时，公司治理问题便随之出现了。

公司治理需要有结构理性加持，它是引导公司成功运作的基础。公司治理中的结构理性并非只是一套静态的组织结构和制度安排，而是委托人与代理人、所有者与经营者、债权人与债务人、管理者与被管理者等不同利益相关者之间

① 亚当·斯密：《国民财富的性质和原因的研究》，商务印书馆1996年版，第303页。
② 李维安、武立冬：《公司治理教程》，上海人民出版社2002年版，第38页。

权责利关系互动博弈的均衡。从一个动态的视角，奥利弗·哈特（Oliver Hart，1995）指出，在合约不完全的情况下，治理结构确实有它的作用。治理结构被看作一个决策机制，而这些决策在初始合约下没有明确的设定，更确切地说，治理结构分配公司非人力资本的剩余控制，即资产使用权如果没有在初始合约中详细设定的话，治理结构决定其将如何使用。

公司治理的本质是基于利益相关者的所有权安排（配置）的契约。而在此基础之上优化建立起的决策制定权合约安排就是结构理性。作为公司治理客体的企业所有权首先表现为剩余索取权。企业剩余的存在是企业的契约具有不完备性的内生特征，即当不同类型的资源所有者作为参与人组成企业时，每个参与人在什么情况下干什么、得到什么并没有在契约中明确说明（张维迎，1996）。然而，无论企业的剩余索取权最终如何配置，理论上，企业的各利益相关者都应该具备相应的权利索取剩余。不过，要想这种可能性转化为现实，必须通过企业各利益相关者之间正式或非正式的规则认可。而这一规则认可的过程其实就是企业控制权的行动过程。鉴于此，仅讨论企业的剩余索取权是无意义的，因为企业各利益相关参与方有权获得剩余并非意味着他一定能获得。剩余索取权的实现还要依赖相应的控制权，控制权的存在决定着一方行为对另一方损益的影响。

二、利益相关者与企业所有权的自发性

企业作为一个利益相关者共同作用的载体，其最终展现的价值管理形象必将深刻地受到各利益相关者行为的影响。当现代企业越来越多地趋向于一个开放性的复杂系统时，每一个利益相关参与方都不具备足够的知识来细致入微地计划企业的整体营运拟达到最终的设计目标。一个更可能的方式是，企业各利益相关方在既定规则的约束下，依靠一种自发的有序化力量，借助一个竞争性的程序，达致一个均衡的利益结果。当我们把自发秩序思想从市场转向企业内部的时候，企业的公司治理结构对价值管理水平的提升非常重要。因为不同的公司治理结构会导致不同的交易效率，而企业作为一个创造合作剩余的流程机制，其交易的实质就是企业的利益相关者以他们所投资的相关资源为基础，并

依据相应的行为规则所进行的利益博弈。由此可见，公司治理结构的合理性影响着企业价值管理的结果，而公司治理结构又会受到企业所有权的状态依存性影响。

（一）公司治理结构与企业所有权

企业内部的权能可以概括为收益权和控制权两个方面。收益权包括合同收益权和剩余收益权（或称作剩余索取权）。前者指在合约当中已明确确定的对企业收入的要求权，它不依企业总收入的变动而变动，对企业而言是一种刚性的支出，如与企业员工签订的工资合同、与企业债权人签订的债务合同等；后者指的是对企业收入在扣除所有固定的合同支付的余额要求权。剩余收益权对应的是企业的剩余索取者，也即企业的风险承担者，因为剩余是不确定的、没有保证的，在固定合同收益被支付之前，剩余索取者什么也得不到。在企业理论的早期文献中，经济学家是以剩余索取权定义企业所有权的（张维迎，1996）。

控制权包括合同控制权和剩余控制权。哈特与莫尔（Hart and Moore，1990）认为，合同控制权是指那种能在事前通过契约加以明确确定的控制权权力，即在契约中明确规定的各利益相关契约缔结方在什么情况下具体如何使用的权力，这对企业而言是一种刚性的约束，如员工对属于自己的工资拥有完全的支取权，债权人对属于自己的本息也拥有完全的控制权；剩余控制权则是指那种事前没有在契约中明确界定如何使用的权力，是决定资产在最终契约所限定的特殊用途之外如何被使用的权力。它由合同的不完备性所导致。在此基础上，哈特（1995）进一步指出，剩余控制权是资产所有者可以按任何不与先前的合同、习惯或法律相违背的方式决定资产所有用法的权利。格罗斯曼和哈特（1986）将企业所有权定义为剩余控制权。

米尔格椤姆和罗伯特（Milgrom and Roberts，1992）则认为，企业所有权指的就是对企业的剩余索取权与剩余控制权。他们认为对所有权的分析可以归纳为两个问题，即对剩余控制权的拥有和剩余收益的分配，并把剩余控制权解释为在没有明确的法律限制或契约指定为他人所有的前提下，拥有对该项资产适用的任何决定权利。这里需要强调的是，企业的剩余索取权和剩余控制权可能并不会完全归属同一主体，一旦这两方面的权能没有被同一利益主体所拥有，那么企业的所有权实际上是被相关利益主体分割了，这就是公司治理结构需要调和的冲突。不同的所有权结构将会影响企业的营运效率，并最终影响企业价值管理的结果。

（二）公司治理的抽象规则与结构理性

要精确界定企业的利益相关者向企业所投资的专用性资源并不是一件容易的事情。阿尔钦和德姆塞茨（1972）认为，企业的实质是一种团队生产方式。这意味着，一种产品是由若干个集体内部成员协同生产出来的，是成员间共同努力的结果，每个成员的个人贡献不可能精确地进行分解和观测，因此不可能按照每个人的真实贡献去支付报酬。这就引申出一个偷懒问题：团队成员缺乏努力工作的积极性。格罗斯曼和哈特（1986）认为，当两个参与者进入一种交易关系——在这种关系中，财产被用来创造收入——而要在合约中列示所有关于财产的特殊权利又费用颇高时，最合适的做法也许是其中一方将所有的剩余权利都购买过去。这样一种非对称的剩余索取权结构能够用以改进交易的效率（杨小凯，1995）。这就必须保证购买者激励上所获得的收益能够充分弥补售出者激励上的损失而有余。显然，哪一方应该将剩余权利出售，哪一方应该将剩余权利购回，这又涉及一个基本的公平和效率问题。我们所秉承的观点一以贯之，那就是无论是为了效率而牺牲某些公平，还是为了公平而要牺牲某些效率，任何一方的牺牲都必须是公正的，且能够促进效率的提高。

正是基于这一原理，在企业正常营运时，剩余控制权归属于股东，这是因为股东是剩余索取者，他们承担着边际上的风险，因而最有积极性做出好的决策。在企业处于破产状态时，企业的剩余控制权往往由股东转给债权人，因为此时，股东的收益已固定为零，在边际上已不承担风险，缺乏适当的激励，而债权人成为实际上的剩余索取者，要为新的决策承担风险，因而最有积极性做出好的决策。经理人员总是享有一定的剩余索取权，因为经理具有“自然控制权”，或者说是“实际控制权”，为了使他们对自己的行为负责，就得让他们承担一定的风险。

由此看来，这一行为背后所隐藏的抽象规则是：剩余控制权应该与剩余索取权相匹配。其实，经济学家早就认识到企业运营的效率最大化要求企业剩余索取权的安排和控制权的安排应该对应，格罗斯曼和哈特（1986）在讨论剩余索取权和剩余控制权的安排问题时，把它们的这种对应看作是完全合同[①]的低成本替代，这其实就是价值管理所强调的结构理性。企业的剩余控制权和剩余索取权应该尽可能相互匹配这一抽象规则其实是一种经自然选择而被企业组织储藏下的未明确阐明的规则，它甚至无须为其组织成员所确知，但却在默默地发挥着作用并推进着企业整体价值管理的改进。

第二节 价值管理中的过程理性：流程构建

企业的价值管理活动需要一个结构化的程序理性流程来支撑。程序理性的三个方面，即结构理性、过程理性和行为理性，共同决定了企业价值管理的结果。由前述可知，结构理性要求企业各利益相关者对于企业的决策和管理流程拥有平等的参与机会，同时能够使具有互补性的企业剩余索取权和剩余控制权相匹配拟低成本地替代“完全合同”。然而，企业价值管理水平的提升还需要在结构理性的基础之上，经由过程理性构造一条具有独立价值的程序路径，并由它们去保障企业价值管理目标的实现。所谓过程理性就是企业决策支持过程的程序理性。这里，我们延续前述利益相关者的视角，基于卡普兰和诺顿的平衡计分卡的流程框架，构建企业价值管理活动的过程理性。

一、平衡计分卡的能力演进

对于组织和程序的理解应该区分企业所处的生命周期。在初创期，企业组织结构比较扁平，而管理程序则比较多变。这主要缘于早期的市场和人员都不稳定。这个阶段的核心管理逻辑是 MVP，一切都在试错和优化。

当企业开始长大，程序和组织就会逐渐稳定并开始相对固化。这个时候，

① 所谓完全合同，是指试图规定在未来每一种可能事件中谁将控制合同的各种维度。

平衡计分卡是一个非常好的基于过程理性的应用框架。1992 年，哈佛商学院教授罗伯特·卡普兰（Robert S. Kaplan）和复兴全球战略集团总裁大卫·诺顿（David P. Norton）创建了平衡计分卡体系，它系统地阐释了企业运转的整个逻辑过程，构建了一种全新的绩效评价模式，从而使组织的“策略”能够转变为“行动”。

平衡计分卡从“出生”到“成熟”大致经过了三个重要的阶段。

（一）平衡计分卡的模型建立：评价维度的拓展

在 20 世纪 90 年代以前，全世界几乎所有的企业都采用单一的财务考核体系对企业进行绩效管理，各种财务指标成为当时企业经营成功与否的唯一评判标准，这在一定程度上导致了企业经营者的急功近利，只重眼前而不关注企业的长远发展，更无法说服外部投资者做出前瞻性的投资。

企业的财务评价体系更多的是站在有形资产的角度来考虑企业的价值，这很难评判企业未来的成长潜质。从某种意义上来说，企业最值钱的资产都在表外，而表内计量的都是没有灵魂的实物资产。所以，资产负债表上的资产合计数只能反映一个企业“寿终正寝”的时候到底值多少钱，活着的时候到底值多少钱，传统的会计计量很难确定。

正是在这样的一个大背景下，卡普兰和诺顿提出的平衡计分卡一改昔日绩效考核方法，强调必须从多个角度来进行价值评判，这就是平衡计分卡产生的初衷——“扩维”。

要想将一个组织的愿景转变为实际行动，就必须用一组指标来评价组织的绩效，即从财务（financial）、客户（customer）、内部运营（internal business processes）、学习与成长（learning and growth）四个维度来考核企业的经营状况。它既保留了传统上衡量过去绩效的财务指标，也兼顾了促成财务目标实现的驱动因素，在关注组织追求财务业绩的同时，透过一连串的互动因果关系，得以把经营产出和绩效驱动因素串联起来，搭建了财务与非财务的衡量之间、短期与长期的目标之间、滞后与领先的指标之间，以及外部与内部绩效之间的平衡。这使得企业价值管理在整体上体现出了一种具有因果关系的过程理性。

整体逻辑如图 5 - 1 所示。

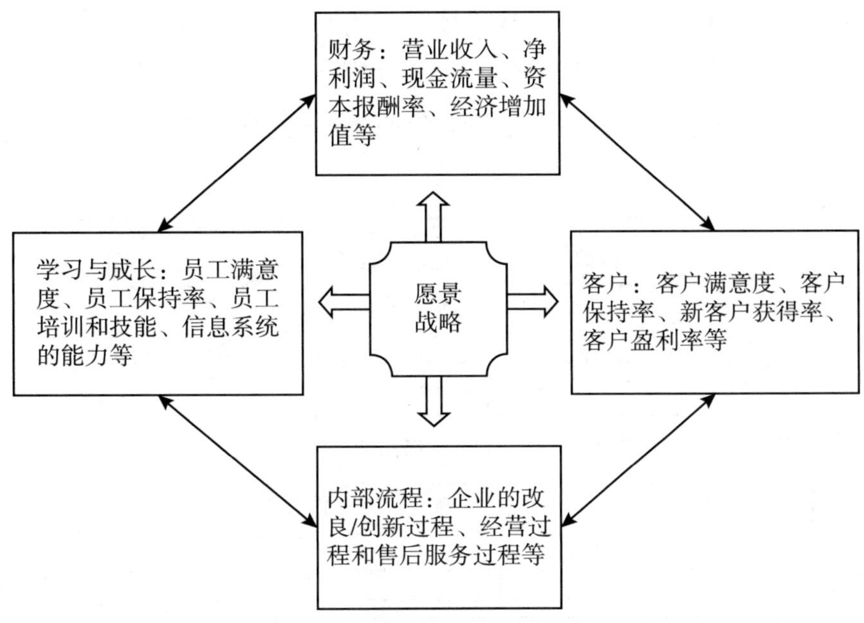

图5－1　平衡计分卡四个层面的内容

（二）平衡计分卡的模型升级：战略地图

平衡计分卡创始人卡普兰和诺顿曾经指出，在盛行的管理思想大师们的智慧中，很难寻找到有关全局框架的帮助。战略教义存在于下列领域：股东价值、客户管理、流程管理、质量、核心能力、创新、人力资源、信息技术、组织设计和学习组织。尽管上述领域对战略都有深刻见解，但是没有一个领域能提出一个全面的、集成观点来描述战略。连迈克尔·波特的竞争优势定位方法都没有提供一个简单且有效的描述战略的通用平台，因此描述战略的公认方法还不存在。由于无法全面地描述战略，管理者之间以及管理者与员工之间无法轻松地沟通。对战略无法达成共识，管理者也无法使战略协同一致。

当组织规模日益膨胀，面对大规模、多层次、多地域带来的管控挑战，如果没有一个简单有效的战略管理工具，必将无法使战略在组织内部各成员之间有效沟通。

公司确定了其使命和战略后，企业管理层要做的就是将公司的战略转变为触手可及的行动，即需要搭建一个理想与现实的桥梁。平衡计分卡体系成功地解决了这个问题，它的主要功能是通过战略地图来实现描述并规划组织战略。企业的战略目标不再被看成是零碎的设定，而是平衡计分卡四个层面之间的一系列因果联系。如图5－2所示，战略地图作为平衡计分卡的升级系统，它的构成文件主要是“图、卡、表”三位一体，分别指“战略地图”“平衡计分卡”“单项战略行动计划表”。它们是运用战略地图来描述战略的三个必备构成文件。

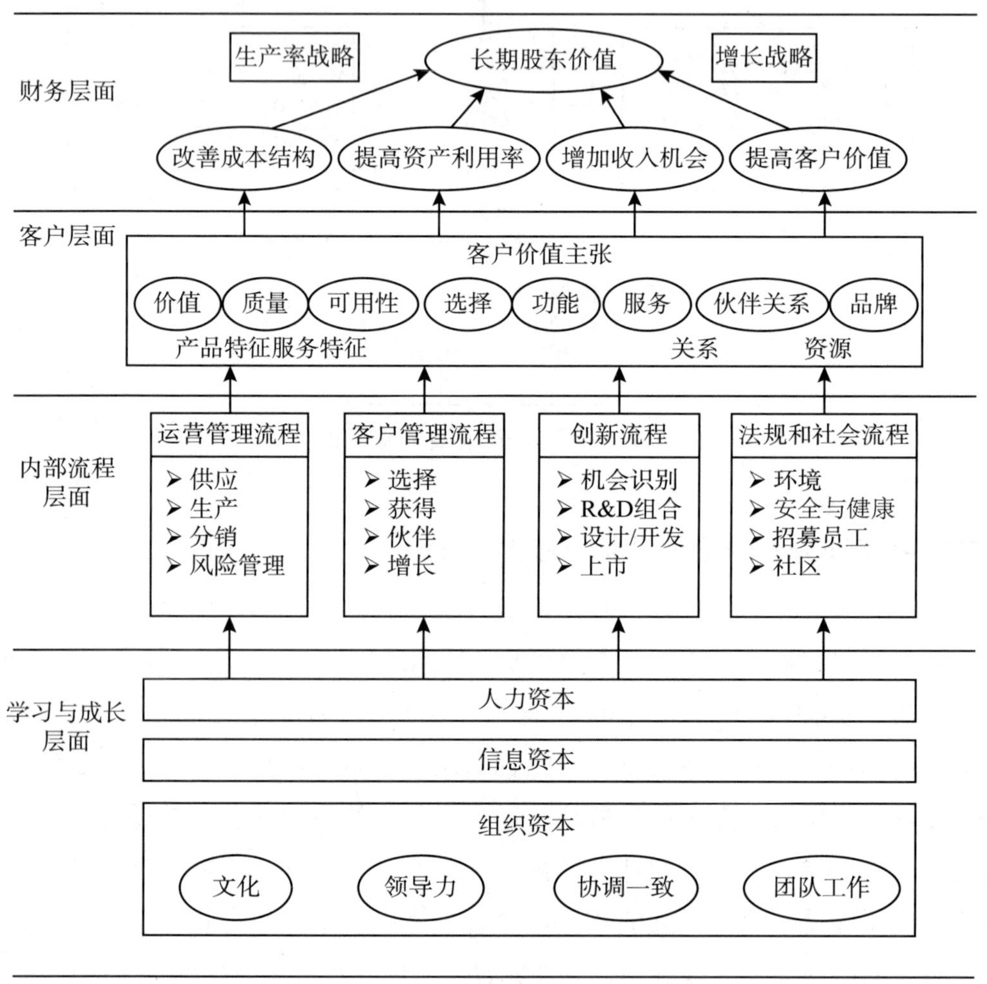

图5－2　平衡计分卡战略地图

首先，“战略地图”以简洁的可视化图表替代了过去烦冗的战略规划文件，可视化的战略地图是企业战略描述的一个集成平台。

其次，“平衡计分卡”本身就是对“战略地图”进行深度解释的表格，它由战略目标与主题、战略指标值、具体战略行动三者构成。

最后，“单项战略行动计划表”则是对“平衡计分卡”中罗列出的一个个单项战略行动计划的进一步演绎，它将那些所谓“务虚的战略”落实为一步一步可操作监控的、具有明确时间节点、责任归属、资源安排的行动计划。

（三）平衡计分卡的模型推广：战略中心型组织

在平衡计分卡的实践应用中，卡普兰发现从平衡计分卡用作绩效衡量框架，逐步拓展到用于战略执行和管理流程中，出现了一种新的组织形式，他把这种组织形式称为“战略中心型组织”。

战略中心型组织和其他一般组织的区别在于，它们能够系统地描述、衡量和管理战略。卡普兰和诺顿还确定了战略中心型组织用以管理战略执行的五个基本原则：

1. 高层领导推动变革

平衡计分卡战略执行项目通常对企业来说是一场变革，这一类的变革都应该得到公司高层的高度重视，最重要的问题是如何教育企业所有的中高层管理者，让他们深刻体会建立战略中心型组织的重大意义和价值，从而获得他们的支持。

2. 把战略转化为行动

卡普兰开发了实施战略的通用框架，这个新的框架就是“战略地图”。通过将战略转化为具有逻辑结构的可视化地图和计分卡系统，组织使所有的业务单元和员工达成了对战略的统一理解和共识。

3. 让组织围绕战略协同

高管团队就组织的战略地图和平衡计分卡达成一致后，接下来要把战略分解到组织的各个层级，实现纵向和横向的有效协同。

4. 让战略嵌入日常行动

对于企业管理来说，首先应当建立科学合理的管理体系，构建强有力的执行机制，然后需要逐步优化人员的管理。因此，战略必须成为每个人的日常工作。

5. 战略流程的持续优化

战略管理流程能够把战略与预算、运营和人力资源管理更深入、更精确地联系起来，并持续进行优化。

战略中心型组织的五项原则是一个环环相扣的整体，逻辑性很强，并且具有可执行性，每个原则都配有实战性的工具和具体的行动，这些工具可以协助企业家有效地描述、衡量和管理战略。

二、平衡计分卡战略地图的内在逻辑

在简单阐述平衡计分卡的演进逻辑之后，我们可以用图 5－3 来描述企业如何通过平衡计分卡实现公司的战略发展并为股东创造利润。

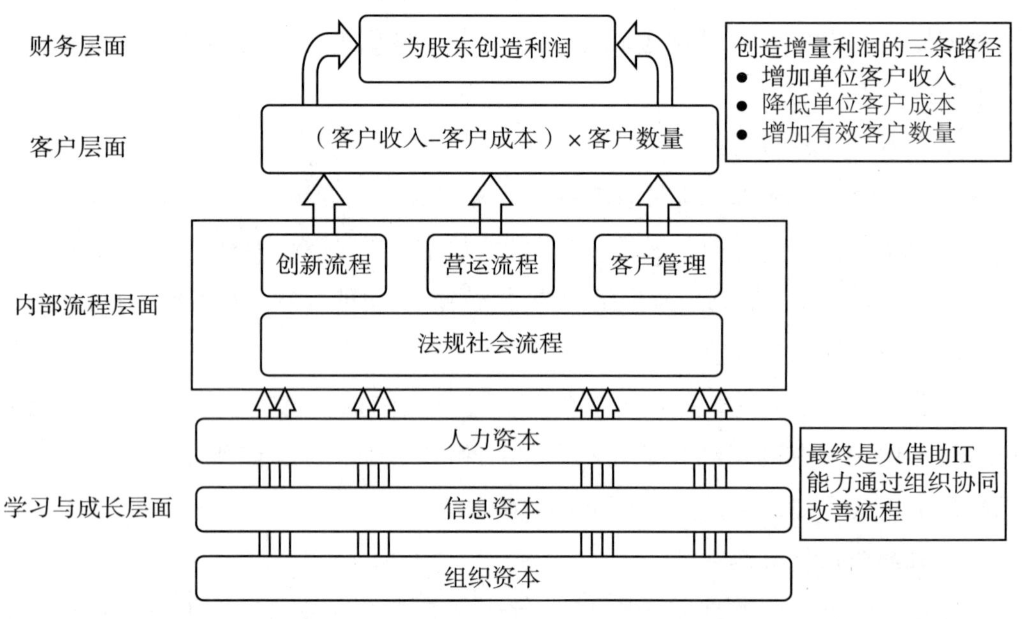

图 5－3　平衡计分卡四层次的内在逻辑

企业存在的终极目标一定是创造价值。利润是对价值进行衡量的一个最通俗的概念。它既是股东投资的初衷，往往也是支持企业战略扩张的基础。

传统的财务观点是一种核算的视角，利润等于收入减成本费用再减去所得税。当然，这个视角也可以联系我们在第四章中讨论过的商业模式九要素的分析框架。在九要素框架图中，基础层的两大要素分别是“收入来源”和“成本支出”，其实，这里的“收入来源”减“成本支出”就是为了公司在构建商业模式的时候能够估算出大概的利润状况：项目赚不赚钱？什么时候赚钱？从哪里赚钱？

但是从管理的视角来看，利润一定是源于客户。换句话说，公司从每个客户那里取得的收入扣除为之付出的成本就是单个客户为我们创造的价值。企业取得的总利润就是每个客户创造价值的叠加。这样一来，我们就把商业模式九要素模型与平衡计分卡四层次模板以“利润”为枢纽联系在一起。

由此，我们得到：

利润 = 收入来源 − 成本支出 =（客户收入 − 客户成本）× 客户数量

由此可见，企业要想提高利润基本上有三条路径可以选择：

第一，提高单位客户销售收入；

第二，降低单位客户服务成本；

第三，增加高质量的客户数量。

这三个维度的改善都需要企业强大的内部流程的支撑。提高单位客户收入需要依靠企业创新流程的不断改善。这个流程需要大量有形和无形资产的投入，并花费很长的时间才能把研发成果应用到市场中。企业的产品设计与开发是否能够提高客户信任度和品牌忠诚度，能否抓住市场的某种空缺以满足消费者的需要，公司的产品能否为客户提供增量价值等将直接影响企业单位客户的收入。而最令人不安的是，这些投入是否最终能改善单位客户收入，存在着很大的不确定性。

与此同时，要想大幅降低客户服务成本就需要企业营运流程的不断改进。营运流程所重视的是对客户满意程度和实现组织财务目标影响最大的那些企业内部过程，如企业供、产、销系统的流转是否高效，企业的人力、物力、财力是否有不必要的浪费，企业的风险控制活动执行是否到位等。

客户数量的增加源于企业客户管理流程的改善。在客户至上的时代，如何及时向客户提供所需要的产品和服务，从而满足其需要，增加客户黏度，提升客户数量，这些都是企业能否获得可持续发展的关键。

企业对政策与法规流程的遵循则发挥着基础性的作用。企业社会责任的履行可以提高自身的声誉、改善企业的形象，它主要涉及四个方面的内容：环境、安全、健康和政治正确。勇于承担社会责任是当今企业可持续发展的基础，切实履行企业社会责任也非一时之功，更需要企业的长期努力。

综上所述，企业最核心的四大流程主要包括创新流程、营运流程、客户管理流程以及政策与法规流程。那么，驱动这四大流程不断革新的动力源泉又在哪里呢？这就涉及企业的人力资本、信息资本和组织资本的协同支撑，它们奠定了企业创造可持续价值的能力基础，这些属于企业的学习与成长层面的内容。平衡计分卡前三个层面一般会揭示企业的现存业绩与预期业绩之间的差距，而为了弥补这个差距，企业必须投资于员工能力的改造、信息技术和系统能力的加强、组织程序和日常管控能力的梳理，这些都是平衡计分卡学习与成长层面追求的目标。

三、平衡计分卡战略地图的应用框架

一家企业能否获得持续发展，有效的战略制定是必不可少的。然而，战略的优劣往往是事后的评判。一个真正好的战略制定，其实就是应该给企业组织更多的可选择性。让企业自身总是能够处在一种好的市场位置，从小规模试错到大规模投放，不断跨越非连续性。但是，战略的合理不一定能让组织成功，更为重要的是将企业战略有效地执行下去，使企业沿着合理的轨道发展。但是，往往大多数企业并不能有效地实施战略来优选企业的发展方向，从而导致企业失败。其实，战略的制定和执行只不过是一枚硬币的两面。

战略的有效执行首先要解决的是如何对战略进行描述，企业可以利用战略地图清晰地表达出公司在各个层次所要达到的目标，然后根据战略地图中各个层次的要求逐步实施。

（一）公司战略地图的构建层次

1. 财务层面

为股东创造持续价值，首先就是一个长期目标，公司既可以通过提高研发支出来改善产品质量实现收入的长期增长，也可以在短期内通过削减成本实现短期财务业绩的提高，但是两者通常是相互冲突的。为了实现股东价值的持续增长，就要平衡长期利益（增加收入机会、提高客户价值）和短期利益（改善成本结构、提高资产利用率）之间的关系，如图 5－4 所示。

2. 客户层面

提高客户满意度是获得长期股东价值的源泉。卡普兰和诺顿在《战略地图》中提出了四个被公司广泛应用的价值主张，它们分别是：总成本最低；产品领先；全面客户解决方案；系统锁定。这四类价值主张都清楚地描述了为了达到该目标所应该实施的方法，如图 5－5 所示。

长期股东价值
生产率战略
增长战略
改善成本结构
提高资产利用率
增加收入机会
提高客户价值

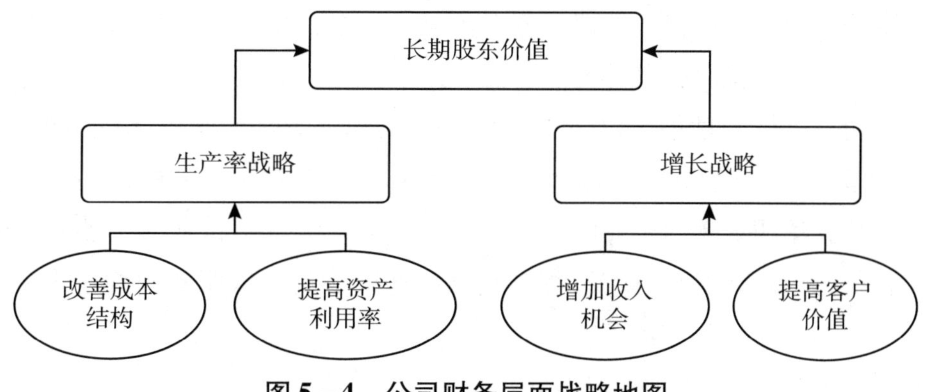

图 5-4　公司财务层面战略地图

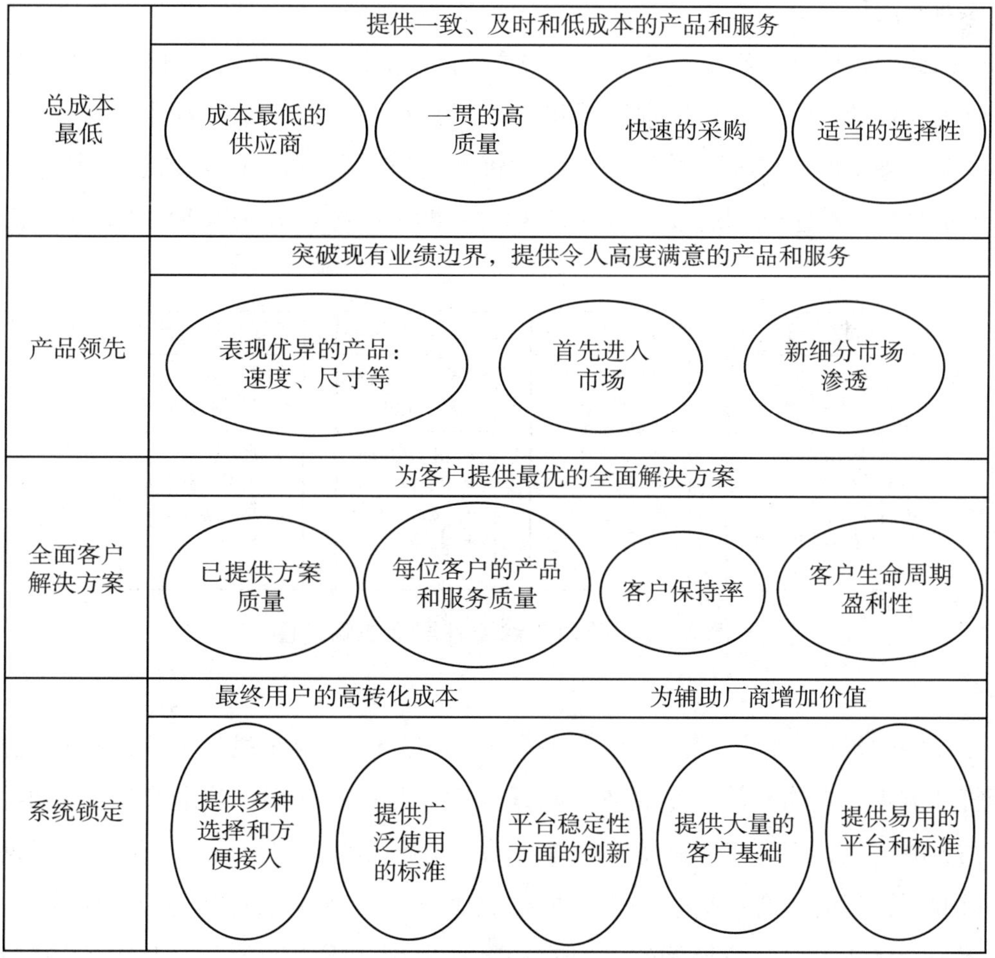

总成本最低
提供一致、及时和低成本的产品和服务
成本最低的供应商
一贯的高质量
快速的采购
适当的选择性
产品领先
突破现有业绩边界，提供令人高度满意的产品和服务
表现优异的产品：速度、尺寸等
首先进入市场
新细分市场渗透
全面客户解决方案
为客户提供最优的全面解决方案
已提供方案质量
每位客户的产品和服务质量
客户保持率
客户生命周期盈利性
系统锁定
最终用户的高转化成本
为辅助厂商增加价值
提供多种选择和方便接入
提供广泛使用的标准
平台稳定性方面的创新
提供大量的客户基础
提供易用的平台和标准

图 5-5　公司客户层面战略地图

其实，不同学者对客户价值主张有不同的分类。卡普兰和诺顿的这个分类也是综合了不同学说而后自己重整的结果。

我们可以这样来理解：总成本最低与产品领先关注的是产品维度的优势；全面客户解决方案关注的是服务维度的优势；系统锁定则关注的是平台维度的优势。我们在第四章解读企业的商业模式时，其中的“关键业务”要素阐明了企业经营的一个经典发展脉络，那就是从制造产品到提供服务到构建平台，最终形成自己的商业“护城河”。

3. *流程层面*

高效的内部流程是公司价值创造的决定性因素。公司应当重点关注少数关键的内部流程，这些流程在传递差异化价值主张的同时，对提高生产效率和维持公司经营特性至关重要。卡普兰和诺顿将内部流程分为四类，即运营管理流程、客户管理流程、创新流程和政策与法规流程。在这四个流程中，每一流程还存在着多个创造价值的子流程，这时管理者就需要确定少数关键流程，把这些关键流程战略主题相连接。图 5 – 6 描述了四大内部业务流程中的关键流程。

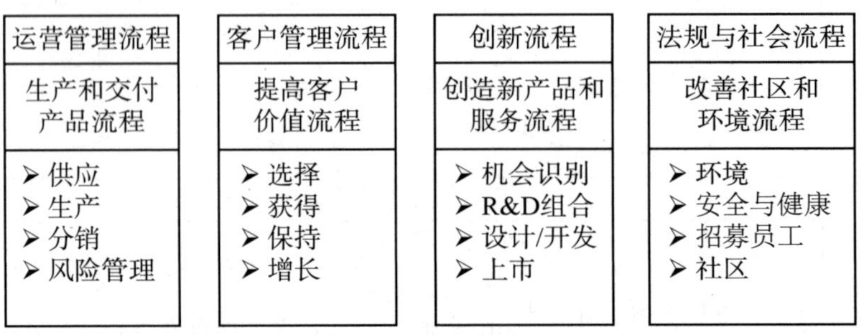

图 5 – 6 公司关键流程层面战略地图

需要明确的是，这四大流程并不是平行并列的。企业最先关注的往往是营运管理流程，它的改善对企业业绩的提升立竿见影；随后，企业会有更多的注意力关注客户，因为客户满意度的提升对公司业绩的改善会有一个滞后的时期，这挑战了组织的耐心；更进一步，只有最优秀的企业才会有余力投入创新，这是因为，创新不但对业绩的改进会有一个滞后期，更重要的是，创新不一定有成效，它充满了不确定性；法规与社会流程则是组织的基调，它奠定了组织可持续的基础，可以让商业变得更高贵，虽然它对业绩的改进很难量化。

4. 组织层面

组织的学习与成长层面将公司的无形资产分为三类，即人力资本、信息资本和组织资本。我们并不能孤立地去衡量某一项无形资产的价值，根据卡普兰和诺顿的研究显示，大多数的公司没有在战略和人力资源、信息计划等方面建立统一协调的关系。这些公司虽然在人力和信息等方面投入巨资，但是并不能有效促进战略的实施，因而并不能在人力资源和信息计划等方面获得真正回报。

（二）公司战略地图的实施步骤

战略地图共包含四个层次的内容，以财务目标为起点，从客户层面切入，根据所传递的客户价值主张不同，我们将战略分为四大类，即总成本最低战略、产品领先战略、全面客户解决方案和系统锁定战略。很显然，不同的战略所关注的关键内部流程也是不同的，在战略地图中每一层次又都有自己的战略主题，在这些主题中分别设定各自的战略目标，为了实现这些目标，又会设定适当的衡量指标，最终为了实现这些量化指标，公司会制订相应的战略行动方案。基于对以上要素的因果联系分析，我们可以得到静态的战略地图。通过为这些行动方案设定时间线，在特定的时间点完成量化指标，企业可以描绘出动态的战略地图。

为了更清楚地绘制出战略地图，卡普兰和诺顿将这一过程划分为六大步骤：确定股东价值差距；调整客户价值主张；确定价值提升时间表；确定战略主题与关键流程；确定和协调无形资产；确定战略行动方案及资金保障计划。企业通过制定长期战略目标，可以确定业绩差距，它需要调整客户价值主张来弥合和超越，并且需要与时间相联系，在确定实现战略主题的关键流程后，就需要协调组织的无形资产，确定战略行动方案及资金保障计划。这是一个有序的过程。

第三节　价值管理中的行为理性：激励实施

企业价值管理在历经了决策制定权的结构理性以及决策管理流程的过程理

性后，最终所有的活动都要依赖于相关流程执行人的行为理性。行为理性是指决策执行人按照企业规则和相关指令进行个人行动的程序理性。在这样一个自发的个人选择性的行动过程中，企业在规则设计上需要尽可能地做到使决策执行人行为的外部性内部化，同时针对其行为后果给予选择性激励，这样所带来的经济后果是，一旦决策执行人的行动偏离了行为理性的范畴，其预期的损失将超过预期的收益。只有在这样一种激励框架下，每一位企业成员自身的利益才能够与企业整体价值管理的提升形成动力一致。

一、关于激励的两个基础问题

激励就是让一个人在做出行为选择时，从自身效用最大化出发，自愿的或不得不选择与目标或标准一致的行动。

在这样一个自发的个人选择性的行动过程中，企业在规则设计上需要尽可能地做到使决策执行人行为的外部性内部化，同时针对其行为后果给予选择性激励，用现如今游戏化的策略思维来解读，这种选择性的激励可以看成是一种“多变的筹赏”，它既能带来稳定的预期，也可以有意外之喜，最终的经济后果是，一旦决策执行人的行动偏离了组织目标的范畴，其预期的损失将超过预期的收益。只有在这样一种激励框架下，每一位企业成员自身的利益才能够与企业整体价值的提升动力一致。

（一）外部性内部化

在企业的营运过程中，一个普遍的情况是，一个人选择某种行动时，不仅涉及个人的成本与收益，而且可能给自己以外的其他人施加成本或带来收益。一旦出现这种情况，就说明该行为具有“外部性”（externality）。

一般而言，行为主体个人直接承担的成本称为“私人成本”（private costs），由其直接享受的收益称为“私人收益”（private benefit），相应地，私人成本与施加于他人的外部成本之和称为“社会成本”（social costs），私人收益与给他人带来的外部收益之和称为“社会收益”（social benefit）。理性人的决策是基于私人成本与私人收益的比较做出的，个人最优决策在边际私人成本等于边际私人收益点达到，而帕累托效率意味着整体最优决策在边际社会成本等于边际社会收益点达到。因此，除非一种行为没有外部性（即社会成本等于私人成本，社会收益等于私人收益），否则，理性人的个人最优决策一般不等于整体最优决策（边际社会成本等于边际社会收益）。这是激励困境的本质原因。

在明确的私有产权下，生产成本完全由自己承担，外部性问题完全被内在化了，这种产权形式是最有效的。这里的私人产权在实践中不仅应该包括对有形的“物”的拥有，还应该包括对无形的“行为”的拥有。在企业中，一个恰当的权利结构是按照交易费用最小化原则而确立的各种形式的产权安排组合。对于初创企业，小规模的创始人团队更容易清晰定义“产权”，在此状态下，各利益主体才存在着将外部性最大地内在化的动力。将个体行为所产生的外溢成本和收益内部化为行为人自身的私人成本和私人收益，使得行为主体对自己的行为承担完全责任，从而通过个体的最优选择实现整体最优。

（二）选择性激励

组织成员个体活动的外部性产生了激励的需要，而激励的目的就是把个体行为的外部性内部化。若要达到这样一个目的，必须对相关决策执行人的行为进行选择性激励。所谓选择性激励，一个简单的界定就是，好的应该得到奖励，坏的应该受到惩罚，而且它们之间的差异要显著到令施加对象无法无动于衷。这里的“无法无动于衷”在传统的管理情形中是通过“量”的大小来度量的。

价值较小的惩罚或奖励不足以动员一个潜在的行动集团。当然，更高超的管理需要懂得如何用更小量的奖惩来调动成员的行为。“选择性”的激励会驱使潜在集团中的理性个体采取有利于集团的行动。激励必须是“选择性的”，这样那些不参加为实现组织利益而做出贡献的人所受到的待遇，与那些参加的人才会有所不同。通过对组织中的个人进行强制，或者是对那些个人进行积极的奖励，从而被引向为其组织利益而行动的潜在集团，可以称之为“被动员起来的”潜在集团。这一潜在的力量只有通过“选择性激励”才能实现或“被动员起来”。总体而言，选择性激励主要包括正向激励和逆向激励两个方面。

1. 正向激励

所谓正向激励，是指通过奖励的手段协调组织内部行为人的激励机制。一个有效的正向激励应当使得对行为人激励的报酬与其可控制的生产结果相联系。

然而，事实上很多激励设计标准无法真正客观实际，正向激励在实际中有变弱的倾向，这时激励机制的重点应该发生转移，即由对行为人最终结果业绩的正向激励转移到对行为人所有活动进行平衡的激励上来。也即，应该重视对过程的激励而不仅仅是对结果的考量。

2. *逆向激励*

每个人要对他的行为后果负责任，也就是说，他要受到惩罚的威胁，这就是所谓的逆向激励。逆向激励是将惩罚方案作为手段，约束行为人的活动，并使之导向企业整体的价值创造上来。逆向激励大体包括违约所付出的直接代价、市场压力及行为人声誉的损失三个方面的内容。

从某种意义上说，当传统的正向激励不能有效发挥个体积极性时，可适当地采取逆向激励来减少个体的既得利益。因为这时人们对意外损失的关注程度大大超过意外收益，所以组织可以在不花费成本的前提下实现更为有效、持久的激励效果。

二、关于激励的1个产权模型

我们借鉴韦森在《产权经济学中的“阿尔钦之谜”》① 里的分析，将个人对某项“资源”的关心，进而对其进行有效利用的程度，定义为“疏离度”，它取决于该个体与这项资源的距离。我们从纵横两个视角来进行解读。

（一）一个横截面的视角

“疏离度”可以理解为，在一个诸多个人共同地拥有某一“资源”的组织中“个人与资源的疏离”程度，这里用 α 表示，它又决定着“个人对资源的关心”程度，即“关心值”，这里用 C 表示。进一步，假定“个人与资源的疏离度” $\alpha \in (0,1)$ 且满足公式（5.1）：

$$\alpha = 1 - \frac{1}{n^2} \tag{5.1}$$

① 韦森：《产权经济学中的“阿尔钦之谜”》，引自《经济学与哲学》，上海人民出版社2006年版。

这里 n 代表在一个共同拥有相关资源的组织中的人数。

显然，假如 $n=1$，这意味着私人“个人化的”拥有这一资源，即这是一种“私人所有”的规则设计。所以当 $n=1$ 时，$\alpha=0$，这意味着在“完全私有”或“专有产权”安排下，所有者与其所有物的关系没有任何疏离。相反，假如 n 趋于无穷大时，α 则趋近于 1，即在这样一个组织中，每个人均与“共同拥有物”完全疏离。

进一步，组织中个人对资源在“心理”上的“关心值”用 c_i 表示。一般而言，个人对某资源的“关心值”越高，他就越注意保护它，并对它越“负责”地加以利用。在一个竞争环境中，行为人对某一资源的“关心值”越高，他自然也就会越关注这一资源的价值变动。由此可见，行为人对某一资源的“关心值”应该取决于两方面因素：一方面是个人对该资源的疏离度 α；另一方面是该资源价值的大小。

假定，将组织中所有个体“对某资源的关心值”的总和以 C 来表示，将社群或组织中“个人对某一资源的关心值”以 $c_i(i=1, 2, \cdots, n)$ 来表示，并以 V 来表示某资源的价值，那么，可以简单地把这些概念之间的关系写为：

$$C=(1-\alpha)V \tag{5.2}$$

从公式（5.2）可以看出，个人与某资源的疏离度越高，人们对该资源的关心值越小。相反，一个资源的价值越高，其所有者对它的关心值就越大。

1. 产权明晰情况下的关心值讨论

通过应用“个人与资源的疏离度”和“个人对资源的关心值”这两个概念，针对同样一项资源，当产权明晰时，或者说个人对某项资源享有明确的份额时，公式（5.3）成立：

$$v_i=\frac{V}{n} \tag{5.3}$$

在这种产权安排下，每个个体并不是“关心”该资源的总价值 V，而是关心自己股份的价值 v_i。正是因为每个人均只是关心自己“所有”的份额 v_i，所以有 $n=1$，$\alpha=0$，由此可得公式（5.4）：

$$c_i^p=(1-a)v_i=v_i \tag{5.4}$$

这里，c_i^p 表示在私有或专有产权安排下个人对资源的关心值。并且，从公式（5.4）可以知道，$a=0$，$c_i^p=v_i$。所以公式（5.5）成立：

$$C^p = \sum_{i=1}^{n} c_i^p = \sum_{i=1}^{n} v_i = V \tag{5.5}$$

在公式（5.5）中，C^p 表示在专有产权安排下，组织内部产权所有者全体对自己在资源上的份额的关心值的总额。

由此可见，在私有或“专有”产权安排下，不管多少人“一起参与”所有某一资源，因为每个“参与所有者”的所有份额均有明确的界定，即产权被“个人化专有”了，所以，每个人与财产的疏离度总是为零，即 $\alpha \equiv 0$。从这一点上来看，在专有产权安排下，不存在人们对财产关心的“衰减”问题，即 $c_i^p = v_i$，且 $C^p = V$。

2. *产权模糊情况下的关心值讨论*

针对同样一项资源，当产权不明晰时，或者说个人对某项资源并不享有明确的份额，而仅仅只是“共同拥有”时，问题分析的结果可能不一样。在一个共同拥有某资源的组织中，由于对每个人在该拥有物中的拥有份额没有明确的数量界定，因此只能考虑每个人与该资源整体价值的关系。另外，在这种没有个人化或者说专有化产权安排的组织中，每个人对共同拥有物整体的疏离均为 $a = 1 - \frac{1}{n^2}$。把这两方面因素放在一起综合考虑，那么，在一个没有“专有产权安排”而“共同拥有”的“模糊共同体”中，每个人对共同拥有物的关心值应为：

$$c_i^c = (1 - a) V = \frac{V}{n^2} \tag{5.6}$$

公式（5.6）中，c_i^c 表示在“共同拥有”规则安排下单个成员对共同拥有物的关心值。

由于这种共同拥有仅仅导致组织中每一个成员均有一个均等的“理论上”的“所有权”，这意味着每个人都自认为拥有“共同拥有物”中均等的价值份额，并且每个人又都会在个人心理层面有一个等值的个人与共同拥有物的疏离度。那么，公式（5.7）成立：

$$C^c = \sum_{i=1}^{n} c_i^c = \sum_{i=1}^{n} \frac{V}{n^2} = \frac{V}{n} \tag{5.7}$$

公式（5.7）中，C^c 表示在共同拥有的规则设计下组织成员总体对共同拥有物的“关心值”总额。

比较公式（5.5）与公式（5.7），可以发现，只要 $n>1$，则 $C^p>C^c$ 总是成立。这也意味着，在明晰产权安排下人们对资源的总关心值总是大于在共同拥有的规则设计下人们对共同拥有物的总关心值。给定一个定量价值的资源（不管其价值多大，只要不趋于无穷大），当 n 趋于无穷大时，α 就将趋近于 1。这实际上意味着行为人已完全与共同拥有物疏离，也同样意味着每个人对“共同拥有”资源在关心值 C^c 以至组织整体对共同拥有物的总关心值 C^c 均趋向于零。

这恰恰说明了“全体所有”的资产为何无人关心的真正原因之所在。全体所有的财产对每个人来说都是一种“非我”，它属于所有人而又不属于任何人。

（二）一个纵切面的视角

关于“疏离度”和“关心值”的讨论是沿着一个横截面的视角进行的，也即它只关注产权是否明晰，没有涉及明晰的产权在行使的时候可能存在的代理层次问题。假设，从资源的产权所有者到最终的直接支配者之间存在若干委托代理层级，它们之间可以近似地看作是由“关心值变压器”串联而成，其中每一个“变压器”都是“降压器”（至少不升压），变压器越多，降压幅度就越大。“初始输入关心值”可以看作是产权所有者对资源的初始关心值，即 $\bar{c}$；“最终输出关系值”表示直接支配者对资源的最终关系值，即 $\underline{c}$，$\underline{c}\leqslant\bar{c}$；用“变压系数”（输出关心值与输入关心值之比）表示委托人对被委托人的控制度，即 $P_{(1+i)/i}$（$i=0,1,2,\cdots$，$0\leqslant P_{(1+i)/i}\leqslant 1$，其中 $P_{1/0}$ 表示产权所有者对直接委托人的控制度）。这样可以得到公式（5.8）（其中 K 为大于等于 0 的整数）：

$$\begin{aligned}\underline{c} &= \bar{c}\times P_{1/0}\times P_{2/1}\times P_{3/2}\times\cdots\times P_{(1+i)/i}\\ &= \bar{c}\cdot\prod_{i=0}^{k}P_{(1+i)/i}\end{aligned}\tag{5.8}$$

从公式（5.8）可以看出，最终的产权支配者对资源的关心值，取决于三个变量：第一个变量是“初始输入关心值”（$\bar{c}$）；第二个变量是变压器的数目（K），或者说是代理链的层级数量；第三个变量是“变压系数”（$P_{(1+i)/i}$）。若 K 和 P 不变，$\bar{c}$ 越大，$\underline{c}$ 越大；若 $\bar{c}$ 不变，K 越大，$\underline{c}$ 就越小；若 $\bar{c}$ 和 K 不变，P 越大，$\underline{c}$ 就越大。

（三）一个综合的视角

“初始输入关心值” $\bar{c}$ 可以看作是前面从两个视角进行讨论的一个契合点。

当产权明晰时，$\bar{c}=(1-\alpha)v=v$，这时初始输入关心值没有损失，因此，要提高最终输出关心值 $\underline{c}$，则需要减少 K，同时提高 P，前者依赖于组织的扁平化进程，而后者则需要一个良好的激励制度的设计。

当产权被共有而呈现一种模糊的状态时，这时的“初始输入关心值” $\bar{c}$ 可以看作是一个关于产权范围的递减函数，即：$\bar{c}=(1-\alpha)V=\frac{V}{n^2}$。这意味着，参与产权分配的个体越多（n 越大），每个人对资源的独立支配权就越小，个人对资源的关心值就越低，这个关系可用图 5－7 表示（假设令 V＝1）：

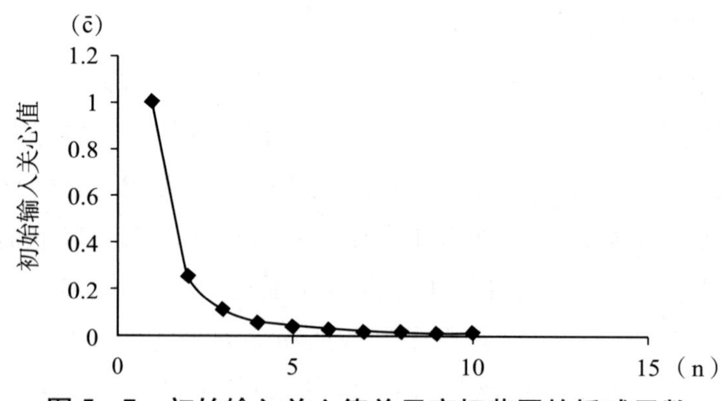

图 5－7　初始输入关心值关于产权范围的抵减函数

由以上分析可知，产权应该尽可能的明晰。一旦产权不明晰，赋予相关资源的初始输入关心值就很低，而后再叠加一个代理因素，这将使资源最终得到的关心值更弱。这都使得针对资源进行有效利用行为的外部性问题很显著，进而企业组织中的激励规则的设计变得异常重要，它决定着企业组织成员行为理性的水平。

这里需要明确的是，产权明晰固然会提升对相关资源的“关心值”，但随之有可能带来高昂的产权界定费用。只有当某项资源的价值足够高，初始产权界定费用相对合理时，对相关资源的产权进行清晰的界定才是有意义的，否则，将其置于公共领域模糊对待不失为明智之举。在实践中，我们会发现，有时产权模糊的民营企业或初创企业运行起来反而更有效率。绝对的产权明确界定是不可能的。

三、显性激励：合同设计

企业中激励机制设计的目的，就是通过将对行为主体的奖惩与其提供的信息或外在可观察的信息联系起来，从而使行为的外溢成本和收益内部化为决策者个人的成本与收益。一个很现实的问题是，获得信息需要成本，在信息不对称的情况下，最优的激励机制通常也只能达到次优。在一份显性激励的合同设计当中，有两个基本的策略应对不对称信息所带来的困境。

（一）“逆向选择”之应对策略

信息不对称可以区分为事前的信息不对称和事后的信息不对称，事前的信息不对称是指交易或行为之前存在的一方知道，另一方不知道的信息；事后的信息不对称是指交易或行为之后存在的一方知道，另一方不知道的信息。事前的信息不对称会导致“逆向选择”行为，如同“劣币驱逐良币”的情形。

由于先天的禀赋和后天的训练，每个人的工作才能是有差异的，企业组织应该根据每个人的能力水平设计工资基础。但个人才干往往是私人信息，企业组织在新人聘用和员工提拔时，每个人都有动力谎报自己的才干（往往是高估），而企业如果没有增量信息以区分员工才干水平，则只能根据平均水平支付薪酬，这样一来，高质量员工就会选择离开，而企业也会进一步调低薪酬标准，这又会使更多相对有才干的人离开，如此一来，最后会导致有才干的人被低估价值，因而不愿工作，而需要员工的企业组织又难以找到合适的人才，由此可见，逆向选择常常需要花费很大的代价预测边际产品价值，也就是招聘时工人的质量，从而导致组织功能失调。

解决逆向选择的一个办法是采用一定的机制设计来让信息劣势方获得更多的信息，如对新聘人员的试用期制度；或者设计一个诱使信息优势方说真话的激励机制，如新聘人员对业绩后果签署责任状。

（二）“道德风险”之应对策略

如同事前的信息不对称导致逆向选择一样，事后的信息不对称导致道德风险行为。与逆向选择相呼应，道德风险面临的问题是，有才干的员工被聘用之后的偷懒行为。所谓道德风险是指在委托人期望的代理人行为难以清楚观察的情况下，合同签订事后产生的机会主义。企业在激励规则的设计过程中，试图明确地把薪酬和生产结合起来具有局限性，因为在现代工业框架内，个人生产力不易区分开来并进行计量。激励理论只能说提供了在经济化框架内设计合约遏止道德风险的一些指导。

解决道德风险的一个办法是让行为主体对行为的后果承担责任，从而使其“不偷懒”。也即在明确产权的基础上，将行为主体的行为所带来的外部性内部化，进而采取选择性激励的措施。

当然监督也是必要的，它可以获取有关行为的信息。如果获得有关行为的直接信息的成本不是太高，这样做就可能是值得的。当然，如果监督成本太高，监督就是不值得的。监督最大的两个缺陷是：监督会导致被监督者的人格没有得到尊重；谁来监督监督者。

四、隐性激励：行动氛围

需要保持谨慎的是，没有谁能够洞悉复杂企业流程的所有细节，也不可能有谁能够细致入微地设计所有激励规则，以引导企业成员的每一个选择。显性激励的合同设计注定是不完备的，它所留下的空白需要隐性激励的填充。

（一）隐性激励的产生缘由

“显性激励”是通过将代理人的收益与委托人观察到的或代理人报告的信息相联系的正式的合约保证，如高管层的奖金如何随企业的利润而变化，销售人员的佣金如何随销售额而变化，等等。在许多情况下，由于信息的限制，显性激励即便是可能的，也是非常困难的。所以，仅仅依靠显性激励合约是不可能调动员工积极性的。但是，在现实中，除了显性激励外，还存在着隐性激励：出于对自己声誉的考虑，当事人会自觉地限制自己的机会主义行为。

在竞争性经理市场上，经理的市场价值决定于其过去的经营业绩，从长期来看，经理必须对自己的行为负完全的责任。因此，即使没有显性激励的合同，经理也会有积极性努力工作，因为这样做可以改进自己在经理市场上的声誉，从而提高未来的收入。

这一机制的作用在于，经理工作的质量是其努力和能力的一种信号，表现差的经理难以得到人们对他的良好预期，不仅内部提升的可能性下降，而且被其他企业重用的概率也很小。因此，由于外部压力的存在，该经理意识到偷懒可能有害于他未来事业的发展。声誉模型解释了当参与人之间重复多次交易时，为了获取长期利益，参与人通常需要建立自己的声誉，使一定时期内的合作均衡能够实现。

（二）隐性激励的图形解释

隐性激励之所以能够起到对当事人的行为进行约束的作用，可以通过图 5－8 进行解释。

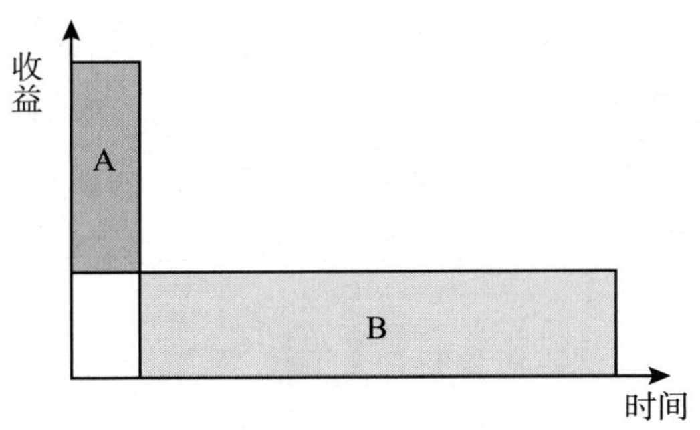

图 5－8　当前收益与未来收益

图 5－8 中，A 区域代表欺诈带来的净收益，B 区域代表未来合作的潜在收益。那么，只要 B 区域的贴现值大于 A 区域，行为人就会注重自己的声誉。

假设行为人选择欺骗，他得到本期收入 X 个单位，以后收入为 0，所以总期望收入的现值（Vx）就等于本期收入 X；如果行为人选择诚信，他得到本期收入 Y（$X = k \times Y$，k 可以称为欺诈效应系数[①]，大于 1），但此时行为人拥有未来持续获得收入 Y 的机会，进一步假设行为人下期获得收益 Y 贴现到本期的包含

① 显然，K 如果越大，欺骗的动力就越大，诚信的短期代价也就越高。

风险因素的贴现率为 i（i 小于 1，假设未来这一贴现率也将持续下去）[①]，则行为人选择诚信的总期望（贴现）收入 Vy 为（假设 n 代表期限，并趋于无穷大）：

$$Vy = Y + Y(1+i)^{-1} + Y(1+i)^{-2} + \cdots + Y(1+i)^{-n} \tag{5.9}$$

将公式（5.8）化简整理可得：

$$Vy = \left(1 + \frac{1}{i}\right)Y \tag{5.10}$$

如果理性的行为人能够自发的选择诚信，则应该有：

$$Vy \geqslant Vx$$

代入公式（5.10），可得：

$$\left(1 + \frac{1}{i}\right)Y \geqslant k \times Y$$

即：

$$k \leqslant (1 + 1/i) \tag{5.11}$$

针对公式（5.11）分析可知：当预期获得未来收益的风险越小，那么贴现率 i 就越小，这样一来，可容忍的欺诈效应系数 k 的上限则越大，这说明行为人除非获得更高倍数的欺诈收益，否则还不如自发的选择诚信，这样长期带来的收益现值会更可观；另外，当欺诈效应系数越大，欺诈行为的隐藏期越长，则贴现率 i 必须越小，换句话说，只有讲信誉所带来的未来回报越稳定，当事人才越有可能选择诚信。

（三）隐性激励机制发生作用的条件

声誉的力量能够促使交易伙伴按照初始合同的安排完成交易，哪怕外界环境波动幅度相当大。而要使隐性激励机制真正发挥作用，应该尽量满足以下条件：

1. 行为人必须有足够的耐心

因为只有在一个更长远的时期中能够获得预期收益，行为人才有积极性建立信誉，保持诚信。也即，只有期限 n 足够长，Vy 才更有可能超过 Vx。

2. 博弈必须是重复的

交易关系必须有足够大的概率持续下去。如果交易关系只进行一次，当事

① 诚信带来的未来预期回报如果越稳定，贴现率 i 就可以越小，现值 Vy 就越大。

人在未来没有赌注，放弃当期收益就不值得，信誉就不会出现。如果不确定性太大，未来几乎不可预测，合作将非常困难。一次性博弈的最优选择是欺骗，而重复博弈的最优选择是诚信。一般认为，只要重复博弈的次数大于2，声誉就会发挥有效的约束作用。在重复博弈中，存在着比一次性博弈更大的合作可能，这有利于隐性机制的生成。

3. 行为人的不诚信行为能被及时观察到

一般地，信息观察越滞后，信誉的建立就越困难。例如，如果假定行为人的欺诈行径在交易两阶段之后才能被识别，即：

$$Vx = k \cdot Y + k \cdot Y(1+i)^{-1} \tag{5.12}$$

如果理性的行为人能够自发地选择诚信，下式应该成立：

$$Vy \geqslant Vx \tag{5.13}$$

将公式（5.13）代入公式（5.9）和公式（5.12），可得：

$$\left(1+\frac{1}{i}\right)Y \geqslant k \cdot Y + k \cdot Y(1+i)^{-1} \tag{5.14}$$

将公式（5.14）进行整理可得：

$$k \leqslant \left(1+\frac{1}{i}\right)\left[\frac{1+i}{2+i}\right] \tag{5.15}$$

对照公式（5.15）与公式（5.10）可以发现，欺诈行为的滞后发现降低了欺诈效应系数所能够容忍的上限，它表示欺诈行为隐藏期越长，可容忍的欺诈效应系数则越小，这意味着，如果欺诈不容易被识别，欺诈所带来的好处不需要特别高也足以引诱行为人放弃诚信行为。这一点说明，一个高效的信息传递系统对信誉机制的建立具有至关重要的意义。一个信息流动缓慢的组织，往往是一个信誉缺失的组织。如果不守信的行为不能被及时发现并广为人知，当事人就不会有建立信誉的积极性。

4. 行为人必须有能力对欺骗行为进行惩罚

“以牙还牙”不仅不是不道德的行为，而且是维持隐性激励机制必不可少的威慑手段。进一步，对欺骗行为的原谅本身就是不道德的。为了使隐性激励机制发挥作用，该惩罚而没有采取惩罚措施的人，他自己必须受到惩罚。

这里涉及实施惩罚的成本问题。这种成本可能包括物质的成本，也可能包括非物质的成本（如人身安全受到的威胁）。如果惩罚成本过高，遭受损失的一方就可能没有积极性实施惩罚措施，因此，对一个组织而言，如何降低惩罚成本是一个非常重要的问题，这显然依赖于一个明示的规则体系，一个结构化的可视流程，俗话所说的“对事不对人”即是一个很好的例子。当然，并不是惩罚越严厉，行为人就越有积极性约束自己的行为，因为实践中还存在大量的不确定的非可控因素，如果不能够区别对待，甚至还会打击隐性激励机制的建立。

进一步地，一个组织如果没有建立起一种对错误适度宽容的组织文化，那么行为人就有积极性将小错误掩盖起来直至将其孵育成一个无法掩盖的大错误才被迫披露，这显然事与愿违。使行为人讲信誉的最优惩罚是：当发现自己遭受欺骗所带来的损失后果，则中断一段时间的交易，然后再恢复交易关系。

五、显性激励与隐性激励的互动

显性激励作为一份合同菜单，其留白处需要由相应的隐性激励来填补。它们之间的相互关系可能是冲突的、互补的或者替代的。

（一）冲突性

无论是显性激励还是隐性激励，其实质都是通过规则（成文规则和不成文规则）来约束行为人的选择。企业组织往往会试图分离规则接受和规则执行。一些规则可能被用于象征化顺从的目的而被表面接受，在这里将展现为一种成文的显性激励规则，但在同一时间，企业组织内的规则遵循却会下降，真正得到实施的可能是一种与成文的显性激励规则相冲突的不成文隐性激励规则。

由于行为个体非常在乎他人对自己的看法，所以他会遵守各种为大家一致公认的行为规则。这些规则通过社会化机制内化于每个组织中，成为个体行为的有机组成部分。企业组织中相关激励规则存在的时间越久，它与组织各利益相关者的价值观念就越有联系，会逐渐变得“自然”和“想当然”。持久性将规则由组织成员选择的目标转变为无须验证的环境客体，并最终转变成被称为“企业文化”的一种无形因素。在这样一种行动氛围中，相互冲突的显性与隐性激励规则能够相互交融，最终呈现的是一种互补和替代的状态。

（二）互补性

显性激励和隐性激励之间会一定程度地呈现一种互补性。一方面，隐性激励的存在可以提高显性激励合同的可执行性；另一方面，显性合同的存在可以使隐性激励更好地发挥作用。显性合同通常是不完备的，如果当事人不讲信誉，事后就会采取机会主义行为，隐瞒对自己不利的信息，通过规避规则来推卸责任，行为表现为成本外化收益内化。但是，如果当事人注重自己的信誉，就会更诚实，而不会钻显性激励合同设计的漏洞。研究发现，缔结契约常常不是为了预防事后的法律纠纷，而是为了规范内部管理和约束自己的行为（Scewart Macaulay，1963）。这里的要点在于，如果没有成文规则的存在，依据的缺乏将使得不讲信誉的行为不容易被识别。所以说，显性激励的存在可以使隐性激励更好地发挥作用。

（三）替代性

显性激励与隐性激励之间的替代性表现在，隐性激励减少了对显性激励合同的需求，从而可以节约交易成本。第一，如果当事人都讲信誉，相互信任，显性激励合同的条款就可以大大简化。第二，隐性激励可以节约解决纠纷的成本。由于环境的不确定性和信息不对称，企业内竞争性的程序活动中出现争议是难免的。如果当事人不讲信誉，纠纷解决成本就会非常高。反之，如果当事人讲信誉，许多争执可以通过各行为人之间的协商进行化解，俗话所说的“你敬我一尺，我敬你一丈”这样一种相互谅解的行动氛围，能够使纠纷解决成本显著降低。第三，隐性激励可以节约监督成本。如果企业成员不在乎自己的声誉，委托人就必须花大量的资源监督代理人的行为；而如果企业成员注重自己的声誉，许多监督就成为多余。第四，隐性激励可以节约风险成本。依据委托—代理理论，当委托人不能观察到代理人的行为时，最优激励要求代理人必须承担一定的风险。如果代理人属于风险规避型，最优激励就带来了风险成本，为此委托人必须补偿代理人。有了隐性激励，就可以降低显性激励合同中代理人收益对产出的依赖，从而降低风险成本。

六、自动实施合同

显性激励和隐性激励的关系类似于正式合同与非正式合同的关系。正式合同（通过成文规则执行的合同）与非正式合同（通过不成文规则，或者说信誉执行的合同）之间的互动，若能形成一种自动实施合同，企业将可以有序地创造价值。

（一）自动实施合同的概念界定

一般而言，合同被看作是交易各方充分界定未来业绩和配置未来事件风险的一种方式。从效率角度看，合同参与方会把大量时间和财富资源用于合同谈判过程，以获得对交易伙伴的信息优势和对事后讨价还价的主动权。

合同必须防止参与交易的某一方利用条款中未明确规定的部分违反合同的机会主义行为。通过终止交易关系和让失信行为信息扩散等威胁可以隐性地实施合同。当合同参与方预期获得的未来准租金流的贴现值大于从违反合同中可马上获得的短期收益时，合同将被隐性实施。因此，这种合同关系处于自动实施范围中。合同的自动实施动力由任何时点上某一参与方预期收益的贴现值和从违反合同中获得的短期收益之比决定。这一比值越大，合同的自动实施动力就越大。

预期收益的贴现值之和可以被定义为承诺资本。合同要能够自动实施，交易各方必须选择好时机，以使足够的承诺资本能一直存在。合同参与方的承诺资本越大，合同的自动实施动力就越大。

自动实施合同的一个最基本的特征，就是它的自发产生和自我实施的性质。与那些强制实施的合同不同，自动实施合同往往是参与人各方经过协商、谈判、讨价还价后自愿达成一致的结果，也有可能是组织精心设计后让成员上瘾的行为结果。

自动实施合同产生的过程，也就是博弈各方在特定的情形中，根据自己不同的目标自主地选择各自的最优策略与对手进行博弈，最后求得规则均衡的过程。

这里面隐含的经济后果是，一旦行为人的行动偏离了合同规则既定的范畴，其预期的损失将超过预期的收益。换句话说，在对其他人的行为进行观察和预期下，每个人的行为是其尽力而为的结果时，合同就是自动实施的。这意味着，抛开合同规则而采取行动是没有优势的。

（二）自动实施合同的图形解释

合同条款规定得越周密，规范合同条款的成本越大，合同能够自我实施的范围就越大，而且合同的事后执行成本就越少，因此当事人必须在这两种成本之间进行权衡以便签订一份最佳完全合同。

从这个观点出发，企业可以选择两种不同的合同履行模式，一种是低基础规则设计固定成本，高单位事件处理变动成本；另一种是高基础规则设计固定成本，低单位事件处理变动成本。

这里的规则设计（或制度建设）可以用管理会计中的本量利盈亏平衡图（见图5－9）进行解释，即：高固定性规则设计成本投入，换来的是低的单位变动性事件处理成本，这意味着，好的规则基础需要大量的初始成本投入。例如，规则的设计、调整、反馈，直至规则融入行为人的习惯并最终形成一种好的文化或行动氛围，这些都需要大量的资源投入，但带来的好处是，处理单件管理工作的成本将很低；反之，固定性规则设计成本很低，但可能导致处理单件管理工作的成本很高。

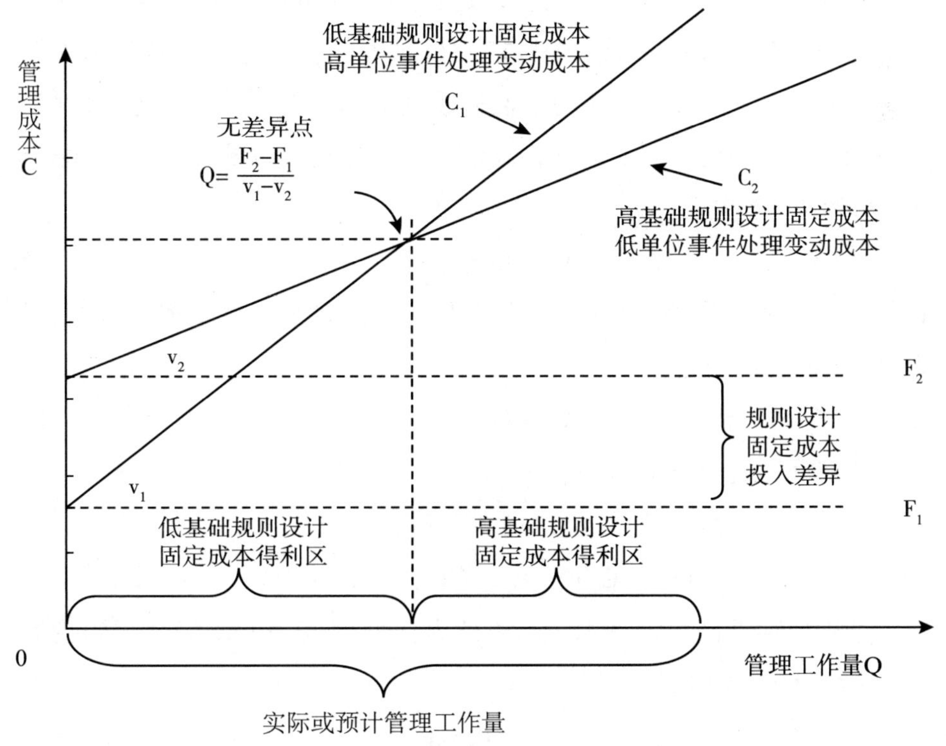

图5－9　管理成本和管理工作量关系

在平面直角坐标系中，纵轴表示日常营运流程的管理成本，用 C 表示；横轴表示日常营运流程的管理工作量，用 Q 表示。

管理工作量的大小应该受到相关交易频率和管理周期长短的影响。从某种意义上来说，当企业中的相关管理活动频繁发生并持续时间较长时，企业可为这些交易构造一个专门的治理结构和流程制度，即使这些专门设计的成本很高，它们还是有必要的，因为结构的成本可分摊于许多细小的管理活动中。但是当交易并不经常发生或整个管理的周期不够长时，一般来说，为那些特殊或零星的管理事项建立专门机制的成本就太高，而使用“一般用途”的治理结构成本相对较低，虽然一般用途的治理结构可能不会十全十美地适合于具体的交易。

进一步假设，基础规则设计的固定成本为 F，单位事件处理的变动性成本为 v，则公式（5.16）成立：

$$C = Q \times v + F \tag{5.16}$$

这里的单位事件应该是指企业中重复性的常规管理活动，它可以不受管理人员进一步的干涉就可以按既定的规则进行处理的事项。从某种意义上说，企业可以把更多的事项吸纳为既定规则能够处理的活动，这本身就意味着对高管层注意力的解放，使之能够在更有意义的领域发挥作用，为企业创造价值。

针对低基础规则设计固定成本，高单位事件处理变动成本的合同履行模式，如图 5－9 所示，下式成立：

$$C_1 = Q \times v_1 + F_1 \tag{5.17}$$

针对高基础规则设计固定成本，低单位事件处理变动成本的合同履行模式，如图 5－9 所示，下式成立：

$$C_2 = Q \times v_2 + F_2 \tag{5.18}$$

由图 5－9 可知，$v_1 > v_2$，$F_1 < F_2$

使公式（5.17）减去公式（5.18），可得：

$$(C_1 - C_2) = Q(v_1 - v_2) + (F_1 - F_2) \tag{5.19}$$

当低基础规则设计固定成本，高单位事件处理变动成本的合同履行模式占优时：$C_1 - C_2 < 0$，这时，

$$Q < \frac{F_2 - F_1}{v_1 - v_2} \tag{5.20}$$

当高基础规则设计固定成本，低单位事件处理变动成本的合同履行模式占优时：$C_1 - C_2 > 0$，这时，

$$Q > \frac{F_2 - F_1}{v_1 - v_2} \tag{5.21}$$

显然，当 $Q = \frac{F_2 - F_1}{v_1 - v_2}$时，

$$C_1 = C_2 \tag{5.22}$$

在此情况下，无论哪种合同履行模式，企业的管理成本相等，这处于一种管理模式上的无差异点。

由以上分析可以知道，当企业的管理工作量没有达到无差异点的时候，低固定性规则设计成本投入策略是明智的，反之，当企业的管理工作量超过无差异点的时候，高固定性规则设计成本投入策略是明智的。

鉴于此，只有当企业的某类管理工作量足够大时，为此构造一个专门的治理结构和制度流程才是有利可图的。也正因为如此，当企业相关管理事项发生的频率较低，或管理当局任期较短，或当事人缺乏足够的耐心获得远期回报时，重复性博弈机制就难以建立，这都使得对基础规则的固定性投入变得无利可图，并因而直接导致了对规则的漠视转而依赖人治，这时企业的自动实施机制将受到巨大的阻碍。另外，一旦企业能够构建一个良好的规则基础，使日常重复性的管理事项能够自动实施，同时例外事项也有明晰的流程进行处理，企业营运将处于一种自动实施状态，这时单位变动性事件处理成本趋近于零。一个完美状态下企业的合同履行机制可以用图 5－10 表示。

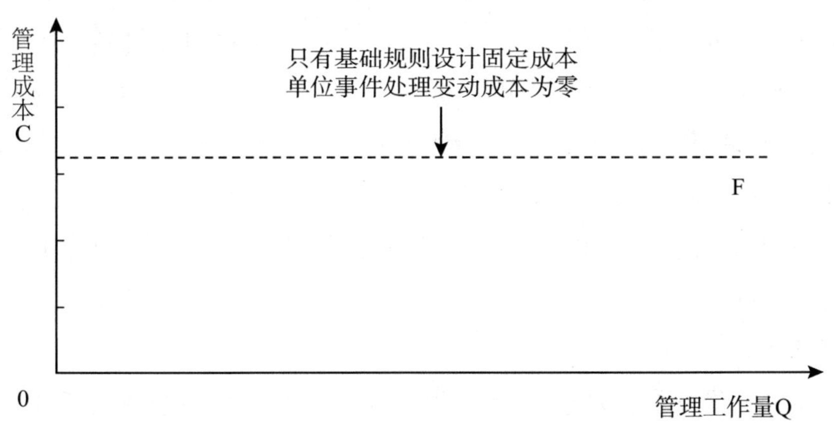

图 5－10　完美自动实施合同图解

（三）自动实施合同的要素特征

合同的自动实施需要合同各参与方预期收益的贴现值大于从违反合同中可马上获得的短期收益。而为了提升未来合同参与方所预期获得的收益，需要关注三个方面的问题，即激励上的动力一致性、行为人之间的团队工作和企业内部的权威力量。

1. 动力一致

组织是为了一些共同利益而联系在一起，以实现目标的个人群体，而每个人都需要在某些方面表现自己的固有价值。因此，组织的要求和实际上只能在既定组织结构中实现的个人需要，要求个人在为自己实现利益的同时也为别人考虑。所以，为了保证对个人的激励效果，应该尽可能地使个体行为的外部性内部化，而后通过一种选择性的激励，形成组织和个人之间的动力一致性，这有利于企业合同的自动实施，并最终达至一个良好的组织状态。组织状态包括有效性、效率性和道德性三个维度的内容。

第一，我们往往把组织的有效性和效率性放在一起加以讨论。有效性是组织目的的完成程度，这是泰勒之后在传统理论中的基本准则。效率性是个人满足的充足程度，这是人际关系论所强调的侧面。巴纳德的组织和管理理论综合了以上两个层面，不仅如此，他还使用了道德和责任的概念，以一个开放系统的观点为基础，强调了各要素之间的相互依赖性，而这种依赖性表现在只有当个人、组织和社会的利益趋向一致时，企业才可能最大限度地自动实施。

第二，巴纳德所强调的组织的道德性则是与未来相关联的。企业系统与环境之间的相互依赖关系很重要。企业系统的某构成部分的“极限功利”行为，会给企业系统整体带来恶劣的影响，而企业系统擅自独立的行为，又会对社会和环境带来负面的影响。只有以道德性为基础，企业组织的有效性和效率性的实现才成为可能。从有效性和效率性转换为最优先考虑道德性问题，这种思维的变化，对于所有的组织而言，将成为今后的重要课题。“不作恶”应该是所有企业的行为底线。

2. 团队工作

企业作为一份契约，若要能够自动实施，首先其行为个体与组织整体的利益取向应该动力一致。企业组织的效率性、有效性和道德性都需要建立在团队工作的基础之上。企业的团队工作需要从两个方面来认识，一方面是结构设计，另一方面是知识分享。

第一，团队工作的结构设计。团队工作是指这样的情况：一种后果出现的概率或大小与多个人的行为有关，并且，每个人在其中的“贡献”与其他人的行为有关。在团队工作的情况下，如果每个团队成员的行为能够被没有成本地观察到，通过将个人的收益与所观察到的行为联系起来，就可以实现帕累托最优。但一般情况下，观察个人行为是非常困难的，最容易观察的是加总的产出。阿尔钦和德姆塞茨指出，解决团队工作下道德风险的一个办法是，在团队中选出一位监督人或委托人，并让这个监督人成为剩余索取者。这时，被监督者因承担“过失责任”(即只有在未选择恰当的行为时承担责任)，就有了工作的激励，而监督人因为要承担剩余责任，也就获得了监督的积极性。当然，由于监督是有成本的，这样的激励制度只能达到次优。当团队成员在生产上的相对重要性和监督上的难易程度不同时，让最难以被监督、最重要的成员成为监督者(承担剩余责任)，而让易于监督、相对不重要的成员成为被监督者（承担过失责任)，可以提供最优的激励。这一激励制度可以保证总的效率损失最小，因为被监督者自我激励的减少可以由监督者自我激励的增加和由监督诱发的激励所弥补。

第二，团队工作的知识分享。企业营运作为一个团队工作的模式，在一个好的激励结构设计基础之上，还需要一个优良的知识分享系统。团队工作遇到的障碍之一就是信息不对称，因此，如何在团队当中让有价值的信息能够最大限度地被分享，这显得意义重大。平衡计分卡的提出人卡普兰和诺顿曾说过，在企业组织中，再没有比一个好主意只用一次更大的浪费了。对一个组织而言，可能没有哪样“资产”比所有员工共享公司知识有更大的潜力。很多企业已经构建了自己的知识管理系统，它一般包括：搜集和储存知识的数据库和数据库管理系统、重新获得和传输知识的沟通和消息系统、允许员工远距离搜索数据库的安全浏览器等。企业可以利用正式的知识管理系统在整个企业甚至整条供应链上创造、组织和分配知识。这样的一种知识的沟通与分享体系，能够最大限度地将“分散的知识”集中加以利用，提高企业创造价值的能力。

3. 权威力量

合同的履行必须依赖于权威力量。在合同不完全时，所有权是权力的来源，而当今的企业所有权可能更趋向于一种分散对称的状态，其中的“关键资源”可以是实物资产，也可以是人力资本，如团队、创意等，它们都被不同的企业参与方分散持有。从整个企业内部权威力量的变迁历程来看，企业内的权威力量逐渐从暴力带来的权威向容纳带来的权威进行过渡，最终相得益彰。

第一，暴力带来的权威。在泰勒以前的管理实践里，管理主体主要是以暴力为载体来为自己权威的合法性进行“说明”与“辩护”，向管理客体来施加自己的意志。在这种权威关系下，管理者取消了作为管理对象的人的资格，认为他们并不具备人的本性，他们的存在和作用，只在于成为管理者实现其目的的手段。他们只是麻木、机械地执行管理者的意图，创造性被严格压制，没有被管理者参与的管理注定是缺乏创造力与效率的管理。在科学管理时代，韦伯认为官僚制下，人们之所以接受管理者的统治是因为相信统治者的章程所规定的制度和指令的合法性，认为他们是合法授命进行统治的。在韦伯看来，规章、制度是权威的载体，规章制度的健全与否直接关系到统治的合法性与有效性。在官僚制下，团体的成员服从统治者，并非服从他个人，而是服从那些非个人的制度。服从者不再被主体的人直接压迫，一定程度上消除了对管理主体的屈从感。从这个角度看，暴力所带来的权威是从“人的暴力”向非人格的“制度的暴力”或者说“规则的暴力”转化，这种实施惩罚者的权威使承诺变得可信。

第二，容纳带来的权威。玛丽·派克·福莱特是科学管理时期与行为科学时期之间一位出色的管理哲学家。她认为官僚制只能引起人们对“最终权威”的幻想，解决管理者与被管理者分歧的最好方法是让矛盾双方的利益相互结合，而利益结合只有在具体的形势中才能实现。由此她对权威提出了全新的见解：不应该由一个人给另一个人下命令，而应该是双方都从形势接受命令。福莱特这种双向共享的权威观，在巴纳德这里得到了更全面的解释。巴纳德认为，权威是具有沟通的东西。权威的接受在很大程度上是一个动机问题。个人是否决定参加组织，是否决定参加后努力工作，最终说来要依赖于从中得到的利益和蒙受的损失间的平衡。人在认为有正面效益时才会接受权威。

巴纳德对管理权威做了一种自下而上的解释，并认为管理客体始终占据权威关系的主导地位，要使权威对一个人发生作用，必须有他的同意，权威始终掌握在权威对象手中。如果上级权威没有被下属接受，那么权威就成为空泛的东西，上位权威只是一种虚构，因为，一旦用这个权威发出了不合时宜的命令，那么个人就可以行使否决权。权威的根源在于下属的接受。在当前这个时代，暴力带来的权威越来越渺小，如何点燃团队中年轻人的激情，让组织尽可能地自动实施，这需要关注员工的心理资本和心理账户。

第四节　本章小结

企业的价值管理需要遵循价值创造的自发秩序力量。企业价值管理的结构理性需要将剩余控制权和剩余索取权更好地匹配以替代完全合同。价值管理的过程理性则需要构建一个良好的流程支撑系统，企业的学习和成长层面支撑高效的内部管理流程，获得更好的客户满意度，从而带来更好的财务业绩。价值管理的行为理性需要尽可能地做到使决策执行人行为的外部性内部化，同时针对其行为后果给予选择性激励，这样所带来的经济后果是，一旦决策执行人的行动偏离了行为理性的范畴，其预期的损失将超过预期的收益。

第六章
公司估值与价值迭代

第一节　公司价值基础：商业模式与价值管理

企业存在的目的是创造价值。企业创造价值需要遵循外部市场与内部行动的自发秩序的力量，通过程序理性的框架，从商业模式设计和价值管理系统两个维度，构建公司价值创造的基础。

一、商业模式设计与公司价值

企业的商业模式设计需要遵循市场的自发秩序力量并有赖于一个结构化的程序理性流程。好的商业模式是顺应市场需求而后“生长”出来的，这个“生长”过程，包裹着“设计”的外衣，因此，商业模式设计需要深刻的市场洞察，并尽可能发现和遵循市场的自发秩序力量，与此同时，在设计时又应该符合程序理性的要求，即商业模式设计应该关注结构理性、过程理性和行为理性三个方面的程序理性内容。

商业模式设计中的结构理性强调的是企业战略选择中市场定位的合理性，它要求企业内部的优势能够结构化地匹配外部的市场机会。一个好的结构化的匹配可以为企业带来恰当的细分市场定位，这是公司价值创造的起点。从市场定位到能力协调再到战略创新，这都需要企业在战略选择之后构建一个差异化的商业模式。在进行商业模式设计的过程中，一个基于程序理性的意见交锋过程显得尤为重要。过程理性强调的是企业决策制定和支持过程的程序理性，它可以包括提出想法、理解沟通、设计原型、精益实施和动态管理五个阶段，在这个过程中，借助商业模式设计的九要素工具，通过纵横比较，充分沟通，最终形成重叠共识，这是公司价值创造的可行性基础。商业模式设计的行为理性关注的是决策实施过程的程序理性，这需要借助精益实施的行动框架。在一个不确定的环境中，企业需要懂得如何有效地实现自身差异化的价值，既不能精致实施，也不能经验实施。精益实施的概念、开发、原型、测量、数据、认知六大步骤给出了商业模式设计行为理性的基本原则，那就是先小规模试错，再大规模投放，这是公司价值创造的行动基础。由此可见，一个好的商业模式设计能够让公司的价值创造有一个好的生长基础。

二、价值管理系统与公司价值

商业模式的设计需要企业的内部优势匹配外部机会以找到一个合适的市场定位（结构理性），然后构建一个差异化的交易系统（过程理性），最后需要借助精益实施来不断迭代优化（行为理性）。商业模式设计的程序理性构建了公司价值的生长基础，而企业价值管理的结构理性、过程理性和行为理性则支撑着公司价值的持续改进。

价值管理的结构理性是指关于企业决策制定权合约安排的程序理性，这要求企业剩余索取权和剩余控制权应该尽可能对应，这是对完全合同的一个低成本替代。恰当的公司治理结构能够让企业的各利益相关者拥有平等的决策参与机会，通过相应的决策和管理流程，约束权威的滥用，减少试错的成本，更好地引导企业价值创造的自发秩序力量。价值管理的过程理性是企业决策支持过程的程序理性。企业基于过程理性构造出一条具有独立价值的程序路径，包括财务、客户、流程、组织的学习和成长四个层面，借助它们创造可持续的公司价值改进，保障企业价值管理目标的实现。企业价值管理的行为理性是指决策执行人按照企业规则和相关指令进行个人行动的程序理性。在一个自发的个人选择性的行动过程中，让决策执行人行为的外部性内部化，同时针对其行为后果给予选择性激励，让个人利益与企业整体利益动力一致。由此可见，一个好的价值管理系统能够让公司价值得到持续提升。

第二节　公司估值方法：财务视角与客户视角

公司的商业模式设计和价值管理系统构建了公司价值的基础。商业模式关注的是公司如何创造价值和传递价值，而价值管理系统则关注的是公司如何持续提升价值。商业模式关注公司的战略定位、系统构建和精益实施，而价值管理则关注公司的治理结构、流程体系和激励实施。公司的商业模式与价值管理一同决定了公司当前的经营业绩，同时也决定了对公司未来价值的想象。一般而言，对一家公司价值的估算可以从财务视角和客户视角分别进行解读。

一、公司估值的财务视角

公司价值评估是对公司的一种综合价值分析，涉及的信息量很大，不仅涉及公司资产、盈利水平、经营管理能力、技术品牌、无形资产等因素，还与市场环境的产业政策导向、资本市场发达程度、行业爆发性增长预期等外在因素高度相关，它既带有客观公允的价值认定，也带有主观的价值判断，还受不可预计的非确定性因素影响。同时，公司估值还与股权投融资双方的风险偏好、预期收益、权利让渡等博弈环节有关。

因此，公司估值既是一门技术也是一门艺术。这里的技术体现在公司估值确实有一套数学模型，而艺术则体现在这些模型的参数往往难以客观确定。特别是对于当今风起云涌的互联网行业而言，新兴公司的估值更像是一门艺术。但是我们必须理解公司估值的技术，才能走向公司估值的艺术。公司估值的技术一般是以现金流贴现模型为基础的。

（一）预期现金流估值模型

一个企业到底值多少钱，就如同一棵果树到底值多少钱，这不取决于你给它浇了多少水、施了多少肥、培了多少土，而取决于它在未来能够结多少果，对于企业而言就是未来现金流的贴现值。

基于此，本书将理论推演基于折现的现金股利（Dividend Discount Model，DDM）公司估值原理，后面还将介绍它的三个扩展模型：折现的超常收益估值模型、折现的超常收益率估值模型、折现的自由现金流估值模型。它们可以统称为预期现金流估值模型。

1. 折现的现金股利估值模型原理

折现的现金股利估值模型也称作股利贴现模型（Dividend Discount Model），是其中一种最基本的股票内在价值评价模型。威廉姆斯（Williams）在1938年提出了该模型，为定量分析虚拟资本、资产和公司价值奠定了理论基础，也为证券投资的基本分析提供了强有力的理论根据。

股权的表现形式是股票，投资者从股票上获得两种现金流，一是从公司获得的现金股利，二是通过卖出股票获得的现金流。因为投资者通过卖出股票获得的现金流同样决定于公司未来向股东派发的股利，所以在公司持续经营的情况下，股票价值等于其未来股利的现值。

在财务管理的理论中，任何金融权的价值都应该是对权利所有人现金支付的现值。因为股东从公司中收到的现金以现金股利的形式存在，所以公司对于股东的价值（也就是公司权益价值）为未来股利（包括破产时对股东的最终支付）的现值。即：权益价值=预期未来股利的现值，因此：

$$\text{Equity} - \text{Value} = \frac{DIV_1}{(1+K_s)^1} + \frac{DIV_2}{(1+K_s)^2} + \cdots + \frac{DIV_n}{(1+K_s)^n}$$

$$= \sum_{n=1}^{n} \frac{DIV_n}{(1+K_s)^n} \tag{6.1}$$

其中，DIV_n——给定年份的预期未来股利；K_s——股权资本成本，即相关的贴现率；n——相关年份。

公式（6.1）中暗含了一个公司持续经营的假设，即假定公司具有无限存续期。当然现实中公司会破产和被接管，此时股东会收到其股票的最终股利。如果公司有固定的无限期的股利增长率，则权益价值公式可简化为：

$$\text{Equity} - \text{Value} = \frac{DIV_1}{K_s - g} \tag{6.2}$$

其中，g——固定股利增长率。

需要注意的是，未来股利增长率对估价的结果影响很大，特别是当未来股利增长率接近折现率时，利用折现的现金股利估值模型评估出来的企业价值将趋向于无穷大。

以上估值公式就是折现的现金股利模型，该模型是大多数股票和公司估值理论方法的基础。

2. 折现的超常收益估值模型原理

超常收益（abnormal earnings）是相对于正常收益（normal earnings）而言的。公司获得的正常收益是指公司的净利润正好能够弥补资本成本（即投资者要求的报酬率与权益账面价值之积）；相对而言，公司获得的超常收益则指的是公司的净利润超过了资本成本，此时投资者愿意为公司的股票支付更高的价格，因此也有人将超常收益称作经济利润（EVA）。

股东收到股利的金额与被投资公司的收益情况是分不开的。如果所有对权益（除了资本交易）造成的影响都来自利润表，那么年末股东权益预期账面值（Book Value of Equity at the End of Year One，BVE1）为年初账面值（Book Value of Equity at the Beginning of Year One，BVE0）加上预期净收益（Net Income of Year One，NI1）减去预期股利（Dividend Income Value，DIV1），即

$$BVE_1 = BVE_0 + NI_1 - DIV_1 \tag{6.3}$$

将 BVE_1 与 DIV_1 调换在等式两边的位置，从而得到：

$$DIV_1 = NI_1 + BVE_0 - BVE_1 \tag{6.4}$$

将上述关系公式（6.4）代入公式（6.1），可以得到：

$$Equity-Value = \frac{NI_1 + BVE_0 - BVE_1}{(1+K_s)} + \frac{NI_2 + BVE_1 - BVE_2}{(1+K_s)^2} + \cdots + \frac{NI_n + BVE_{n-1} - BVE_n}{(1+K_s)^n} \tag{6.5}$$

因为：

$$BVE_0 = (1+K_s)BVE_0 - K_s \times BVE_0 \tag{6.6}$$

将其代入公式（6.5）中，得到：

$$\begin{aligned} Equity-Value &= \frac{NI_1 - K_s \times BVE_0 + (1+K_s)BVE_0 - BVE_1}{(1+K_s)} \\ &\quad + \frac{NI_2 - K_s \times BVE_1 + (1+K_s)BVE_1 - BVE_2}{(1+K_s)^2} + \cdots \\ &\quad + \frac{NI_n - K_s \times BVE_{n-1} + (1+K_s)BVE_{n-1} - BVE_n}{(1+K_s)^n} \\ &= BVE_0 + \frac{NI_1 - K_s \times BVE_0}{(1+K_s)} + \frac{NI_2 - K_s \times BVE_1}{(1+K_s)^2} + \cdots + \frac{NI_n - K_s \times BVE_{n-1}}{(1+K_s)^n} \end{aligned} \tag{6.7}$$

这样就得出折现的超常收益估值模型对权益价值的估值公式。

利用折现的超常收益模型所估计出的股票价值如果高于当前股价，则表明该股票具有正向的异常未来股票收益。与传统的基础价值估值法相比，折现的超常收益估值模型具有优良的数据可获性和预测简便性的优点。同时根据折现的超常收益估值模型计算出的估值乘数也可被用来估计亏损型或现金流为负的公司。

3. 折现的超常收益率估值模型原理

折现的超常收益率估值模型是在折现的超常收益估值模型基础上发展出来的。如果在折现的超常收益估值模型公式两边都除以账面价值，则公式左边变为权益价值账面值比率，即：

$$\text{Equity}-\text{Value} = BVE_0 + \frac{NI_1 - K_s \times BVE_0}{(1+K_s)} + \frac{NI_2 - K_s \times BVE_1}{(1+K_s)^2} + \cdots + \frac{NI_n - K_s \times BVE_{n-1}}{(1+K_s)^n}$$

$$\frac{\text{EquityValue}}{BVE_0} = 1 + \frac{ROE_1 - K_s}{(1+K_s)} + \frac{(ROE_2 - K_s)(1+gbve_1)}{(1+K_s)^2} + \cdots + \frac{(ROE_n - K_s)(1+gbve_1)\cdots(1+gbve_{n-1})}{(1+K_s)^n} \tag{6.8}$$

分解来看，得出公式（6.8）是因为：

$$\frac{NI_n - K_s \times BVE_{n-1}}{BVE_0} = \left(\frac{NI_n}{BVE_{n-1}} - K_s\right)\frac{BVE_{n-1}}{BVE_0} = (ROE_n - K_s)(1+gbve_1)\cdots(1+gbve_{n-1})$$

$$\frac{NI_2 - K_s \times BVE_1}{BVE_0} = \left(\frac{NI_2}{BVE_1} - K_s\right)\frac{BVE_1}{BVE_0} = (ROE_2 - K_s)(1+gbve_1) \tag{6.9}$$

其中，gbve（growth book value of equity）为账面值 BVE 从 t－1 年到 t 年实现的增长，其表达式为：

$$\frac{BVE_t - BVE_{t-1}}{BVE_{t-1}} \tag{6.10}$$

因此，原表达式又可以进行简化，简化过程如下：

$$(1+gbve_1)(1+gbve_2)\cdots(1+gbve_n) = \frac{BVE_n}{BVE_0} \tag{6.11}$$

公式（6.8）表明，公司“权益价值账面值比”受三个因素的影响：未来超常权益收益率，定义为 ROE 与 K_s 的差值（即 $ROE - K_s$）；账面值增长率

(gbve) 和权益资本成本 (K_s)。

具有正的超常权益收益率的公司能够为股东带来增值，所以“权益价值/账面值”比率大于1；当公司创造的收益小于资本成本时，则“权益价值/账面值”比率小于1。

公司价值账面值乘数的大小也依赖于公司账面值的增长。公司可以通过发行新股或再投资利润来增加权益基础。如果新权益投资于“价值/账面值”比大于1的方案，即该方案的ROE超过资本成本，那么公司权益账面值乘数将增大。当然，对于ROE低于资本成本的公司，权益的增长会进一步降低乘数，反而出现更坏的结果。

进一步分析权益价值与利润的关系：

$$
\begin{aligned}
\text{权益价值} \div \text{利润比率} &= \text{权益价值} \div \text{账面值比率} \times \frac{\text{账面值(BVE)}}{\text{利润}} \\
&= \frac{\text{权益价值/账面值比率}}{\text{ROE}} \qquad (6.12)
\end{aligned}
$$

将权益价值与账面值的比率简称为PB (Price - to - Book Ratio)，权益价值与利润的比值简称为PE (Price - to - Earnings Ratio)。由公式 (6.12) 可见，PB值和PE值之间是有关系的。它们之间最大的区别就是PE值受到当期ROE的影响，这会导致更低的ROE可以带来更高的PE值，使得用PE值做乘数波动性更大。

折现的超常收益率估值模型也是根据股利贴现模型扩展出来的估值模型。折现的超常收益率估值模型更适用于中国市场，因为至少从数据的可获性上来说是简便的。由于中国大多数公司很少派发现金股利，或者即使派发其比例也很不稳定，所以传统的股利贴现法在中国很难得到广泛的应用。与股利贴现模型和自由现金流模型相比，折现的超常收益率估值模型贴现估值法的优越性除了在于获取数据较容易外，其更加重视账面值的分析，因而也更加重视“市值/账面值”比率，而这一比率被越来越多的分析师认为是优于市盈率的一个估值比率。

在基于现金股利的折现模型下，折现的超常收益估值模型与折现的超常收益率估值模型都存在对会计信息的依赖。如果分析师明了企业会计数据的偏差源于管理层采用了更激进或保守的会计政策，那么超常收益估价法不会受会计处理的影响。这一点揭示出企业的战略分析和会计分析是超常收益法的先导，它能够帮助分析师确定超常收益是源于可持续的竞争优势还是不可持续的会计操纵。如果对此不甚明了，分析师就会对企业未来的超常收益给出错误估计。

4. 折现的自由现金流估值模型（DCF）原理

自由现金流这一概念最早是由美国西北大学拉巴波特（Alfred Rappaport）、哈佛大学詹森（Michael Jensen）等学者于 20 世纪 80 年代提出的。詹森教授（1986）则是提出了自由现金流理论（free cash flow theory），用来研究公司代理成本（agency cost）的问题。科普兰（Tom Copeland，1990）教授更是比较详尽地阐述了自由现金流的计算方法。不同的学者对自由现金流的理解不尽相同。简单地讲，自由现金流就是企业产生的在满足了再投资需要之后剩余的现金流，这部分现金流是在不影响公司持续发展的前提下可供分配的最大现金余额。企业自由现金流的计算公式如下：

$$\begin{aligned} FCFA &= NOPAT - \Delta BVA \\ &= EBIT(1-T) - \Delta WCR - \Delta NLTA \\ &= NI + I(1-T) - \Delta WCR - \Delta NLTA \end{aligned} \quad (6.13)$$

公式中：FCFA 是指 Free Cash Flow From Assets，即源于资产的现金流量；NOPAT 是指 Net Operating Profit After Taxes，即税后的净营业利润，也称作息前税后利润；ΔBVA 是指 Book Value Assets 的变化额，即企业经营性资产的当期账面变化额；EBIT 是指 Earning Before Interest and Taxes，即企业的息税前利润；T 是指企业的实际所得税率；ΔWCR 是指 Working Capital Requirement 的变化额，即企业的营运资本需求的当期变化额，WCR 可以简化处理为：应收账款 + 存货 - 应付账款；ΔNLTA 是指 Net Long Term Assets 的变化额，即企业的净长期经营资产的变化额，包括企业当期的资本性投资增量和计提的折旧（即增量的资本支出 - 折旧）；NI 是指 Net Income，也即企业的净利润。

需要说明的是，公司自由现金流可分为股权自由现金流和债权自由现金流，而债权自由现金流的市场价值一般就是账面价值，比较好估计，所以理论上权益的折现加上负债的账面价值就是资产的价值。但实际中存在对权益的估值加上负债的账面价值不等于对资产的估值的情形，这里面的一个重要原因是作为贴现率的 WACC 是以期初的资本结构为基础的，在随后的时期中，其变化难以被及时捕捉到，因而 WACC 得不到适时的调整。因此，在实践应用中一般都是直接使用权益的评估方法，相应的股权自由现金流（Free Cash Flow to Equity，

FCFE）的计算公式如下：

$$
\begin{aligned}
FCFE &= NOPAT - \Delta BVA - (I(1-T) - \Delta ND) \\
&= EBIT(1-T) - \Delta WCR - \Delta NLTA - (I(1-T) - \Delta ND) \\
&= NI + I(1-T) - \Delta WCR - \Delta NLTA - (I(1-T) - \Delta ND) \\
&= NI - \Delta WCR - \Delta NLTA + \Delta ND
\end{aligned}
\tag{6.14}
$$

其中：NI——净收益；ΔWCR——营运资本变化额；ΔNLTA——包括企业当期的资本性投资增量和计提的折旧；ΔND——净债务增加额。

有了以上分析基础，我们就可以来讨论折现的现金流估值模型（Discount Cash Flow，DCF）的具体应用。它是指通过选定恰当的折现率，将企业未来的自由现金流折算到现在的价值之和作为企业的真实价值的一种价值评估方法。由于资本资产定价模型（CAPM）和套利定价模型（APM）理论进一步揭示了金融风险和收益之间的对应关系，从而为较准确地估计企业资本化率提供了条件，这使得 DCF 法成为公司估值的主流方法之一。其计算模型如下：

$$
Equity\ Value = \sum_{t=1}^{n} \frac{FCFE_t}{(1+K)^t} \tag{6.15}
$$

其中，$FCFE_t$——第 t 年的股权自由现金流；K——股权资本成本。

实务应用当中有三种基本的企业自由现金流模型，分别为永续增长的自由现金流模型、两阶段自由现金流模型和三阶段自由现金流模型。其中两阶段自由现金流模型又是最符合现实中企业发展模式的。两阶段自由现金流模型将企业的连续价值期分为两个时期，即增长率较高的初始阶段和随后的稳定增长阶段。竞争均衡理论认为：一个企业不可能永远以高于宏观经济增长的速度发展下去，否则迟早会超过宏观经济总规模；另外，超额利润的存在必定会吸引更多的竞争对手，导致营运成本上升或产品价格下降，从而使得投资资本回报率降至社会平均水平，企业的经营将处于平均利润的状态。实践表明，只有很少的企业具有长时间的可持续竞争优势，绝大多数企业都会在 3～10 年中恢复到正常的回报率水平。假设企业在前 n 年保持高速增长，在 n 年后达到稳定增长状态，稳定增长率为 g，则该企业的价值可以用以下公式表示：

$$
Equity - Value = \sum_{t=1}^{n} \frac{FCFE_t}{(1+K)^t} + \frac{FCFE_{n+1}}{K-g} \times (1+K)^{-n} \tag{6.16}
$$

由于折现的股权自由现金流估值模型与现金股利折现模型的原理相通，在模型原理上体现为用股权自由现金流代替现金股利，所以理论上最终的估值应该是一致的。但在实际中，折现的股权自由现金流估值模型与现金股利折现模型相比存在较大差异，因为有些公司的股权自由现金流呈稳定增长状态，而公司现金股利却呈非稳定和不规则状态，公司现金股利有时高于股权自由现金流，有时低于股权自由现金流，这时运用折现的股权自由现金流估值模型对股权进行估价时比股利折现模型更加方便和简化。

运用折现的股权自由现金流估价模型，由于解释变量即股权自由现金流受资本市场供求关系的影响较小，所以这类方法不仅可以适用于上市公司，也完全可以用于非上市公司股权的定价。同时，由于股权自由现金流的构成并不仅限于经营收益，因而比起股利能够更全面地反映企业短期的周转能力和长期发展潜力。特别重要的是，股利容易受到管理层或大股东的操纵，而股权自由现金流相对而言，较难受到操纵。因此，使用折现的股权自由现金流估值模型比股利折现模型更能准确地估计一个公司的价值。

（二）市场乘数效应估值模型

基于自由现金流的估值方法是一种针对公司价值本质的估值方法。还有一类财务估值方法可以统称为乘数法，市盈率乘数是一个最常用的估值乘数。基于现金流的估值法和市盈率估值法之间也是有联系的。

1. 市盈率（PE 值）的基本含义

市盈率（PE 值）由公司股价除以每股收益得出，也可用公司市值除以净利润得出。市盈率是股票或公司估值最常运用的指标之一。

市盈率的优点在于能够简单明了地告诉投资者在假定公司利润不变且利润全部用来分红的情况下，以交易价格买入，投资股票靠利润回报（现金股利）需要多少年的时间回本，这其实等同于一个投资回收期的概念。

同时，市盈率也代表了市场对一只股票的悲观或者乐观程度。

市盈率的公式可以这样来理解：

$$\text{市盈率} = \text{股价} \div \text{每股收益} \tag{6.17}$$

$$\text{市盈率} = \frac{P}{EPS} = \frac{P \times N}{EPS \times N} = \text{总市值} \div \text{净利润} \tag{6.18}$$

公式（6.17）的分子分母同时乘上股票数量 N 就等于公式（6.18）。

公式（6.18）也常常用来针对一家非上市公司进行股权估值，那就是用公司的当期或（预期）的净利润乘上一个合理的市盈率倍数就可以估算出这家非上市公司的股权市值。

公式（6.2）中，DIV_1 指的是未来第一期的现金股利，如果把它分摊到每一股，并进一步假定公司的净利润全部分红（针对成熟稳定的企业），那么，公式（6.2）就变形为：

$$P = \frac{EPS}{K_s - g} = \frac{EPS}{r - g} \tag{6.19}$$

如果继续假设企业的增长率为0，那么：

$$P = \frac{EPS}{K_s} = \frac{EPS}{r}$$

$$PE = \frac{P}{EPS} = \frac{1}{r} \tag{6.20}$$

由此可知，市盈率估值法本质上是永续零增长的贴现模型，市盈率的倒数就是当前的股票投资报酬率（r）。

按照经验判断，对于正常盈利的公司，净利润保持不变的话，给予10倍左右的市盈率合适，因为10倍的倒数为1/10 = 10%，刚好对应一般投资者要求的股权投资回报率或者长期股票的投资报酬率。

2. 从PE值到PEG

用市盈率进行估值更多适用于稳定的标的公司。高增长的公司往往会有更高的市盈率与之匹配。PEG（PE to Growth）指标是用公司的市盈率除以公司未来3～5年的每股收益复合增长率，也即：

$$PEG = \frac{PE}{g} \tag{6.21}$$

PEG指标是著名基金经理彼得·林奇推广的一个股票估值指标，是在PE（市盈率）估值的基础上发展起来的，它弥补了PE对企业动态成长性估计的不足。PEG告诉投资者，在同行业的公司中，在市盈率一样的前提下优先选择那些增长速度高的公司，或者在同样的增长速度下选择市盈率较低的公司。

市盈率仅仅反映了某股票的当前价值，PEG则把股票当前的价值和该股未来的成长联系起来。例如，一只股票当前的市盈率为30倍，从传统市盈率的角度来看可能并不便宜，但如果其未来5年的预期每股收益复合增长率为30%，那么这只股票的PEG就是1，这表示其物有所值。

所以当 PEG 等于 1 时，表明市场赋予这只股票的估值可以充分反映其未来业绩的成长性。如果 PEG 大于 1，说明公司的利润增长跟不上估值的预期，则这只股票的价值可能被高估。如果 PEG 小于 1，说明公司的利润增长好于估值的预期，这只股票的价值可能被低估。PEG 告诉投资者相对市盈率估值而言更应该关注公司的利润增长情况。短期内，利润增速高的股票在一段时间内走势都会强劲，即便估值已经偏高。然而，高增速往往不可持续，特别是整个市场的高增速预期往往透露出一种非理性繁荣的气息。公司想同时拥有超高的盈利能力和超快的增长速度，长远来看并不现实。所以市场对高市盈率的不信任，其实是对可持续性的高增长的不信任。这个世界需要用耐心来构筑价值。只有极少数的公司能够不断地跨越商业市场的不连续性，从而带来利润连续性的高增长，然后再借助投资人对未来的高预期所支撑的高市盈率倍数引领公司股票（估值）持续高涨。这时公司的 PEG 可能仍在可接受的范围之内。

3. 其他乘数估值法

$\frac{P}{CF}$乘数是用当前每股市场价格除以现金流，也即市现率估值法。市现率可用于评价股权的价格水平和风险水平。市现率越低，表明上市公司的每股现金增加额支撑的市值越小，经营压力也越小。对于参与资本运作的投资机构，市现率还意味着其运作资本的增加效率。在对上市公司的经营成果进行分析时，每股的经营现金流量数据更具参考价值。利用市现率对比估值也能很好地反映股票价格和公司价值。

$\frac{P}{B}$乘数是用当前每股市场价格除以权益的账面价值，也即市净率。权益净值是决定公司股票市场价格走向的主要依据。每股净资产是股票的本身价值，它是用成本计量的，而每股市价是这些资产的现在价格，它是证券市场上交易的结果。市净率的作用还体现在可以作为确定新发行股票初始价格的参照标准。如果股票按照溢价发行的方法发行的话，要考虑按市场平均投资潜力状况来确定溢价幅度，这时股市各种类似股票的平均市净率便可作为参照标准。我们还可以利用上市公司的市净率来估算未上市公司的企业价值。

二、公司估值的客户视角

传统的估值方法往往立基于公司的财务面，估值的数据来源也更多地提取自公司的财务会计信息系统。然而，随着互联网时代的来临，初创企业越来越多，它们的业务都还不稳定，因此财务数据的波动可能会非常大，这个时候对公司价值的估算将更需要在技术性的基础上叠加一些艺术性。

（一）初创企业估值的关注要点

初创企业估值往往需要关注战略定位、团队能力和客户数据等方面的内容。

第一，公司项目的战略选择很重要。不管是做互联网的产品还是服务，公司项目最终还是会被归类到一个细分的行业当中，每一个行业都有自己市场的总容量，再考虑到项目本身能够占到的市场份额，就可以大概估算它的价值未来有多大。一旦项目选择的细分行业过于狭窄，在估值上就很难有想象空间。

第二，团队能力对公司价值的影响非常大。互联网有个很大的特点，就是它在业务高速运行中，能够飞快地转型和试错。互联网创业企业更多的都属于轻资产模式，并且互联网企业很多没有线下的渠道，所以它的核心竞争力最后就集中在创业者或者是创业团队身上。风险投资人特别愿意投资于连续创业者，这些人如果再开展一个新的创业项目的话，投资人往往趋之若鹜。这是因为连续创业者对整个互联网的直觉和经验是别人无可比拟的，他们对用户的理解和运营能力已经很有经验，知道挑战在哪里，知道成功的可能在哪里，他们有自己的产品技术、后端的资源或者是团队，能够快速地实现自己的商业模式。

第三，客户数据很重要。企业做天使轮融资，其实投资人最看重关于客户维度的非财务数据。基于客户视角的价值理念变得越来越流行，公司的价值并不是会计系统计量出来的，它一定是来自客户。客户赋予了公司价值，这一点是毋庸置疑的，所以德鲁克早就说过，公司的本质工作就是创造客户。正是从这个意义上来说，站在公司的维度，计量获取一个客户的成本和客户终身价值是意义重大的。客户终身价值应该超越客户获取成本，否则就是非理性消耗资源，而客户的终身价值的累积最终就体现为公司价值。

（二）客户获取成本（CAC）与客户终身价值（CLV）

当一家公司在为创造客户而消耗组织资源的时候，必须要估算这些钱使用得值不值，公司到底是在拿钱买什么东西，以及什么是真正理性的消耗资源。在此，我们构建一个基于客户视角的全新的估值逻辑，有两个基础概念非常重要：客户获取成本（Customer Acquisition Cost，CAC）和客户终身价值（Customer Life - Time Value，CLV）。

客户获取成本（CAC）是指获取一个新用户需要花多少钱。一个企业总的CAC应该是与市场相关的总花费除以带来的总用户的增长，企业应该努力去调整企业的经营策略以优化CAC。在计算CAC时，要注意以下两个问题：

第一，用户留存率。有很多营销渠道可以在短时间内带来很多新用户，但是这些用户来了以后很快又走了，所以也很难给企业创造价值。因此，有些渠道的CAC虽然低，但是用户留存率也不理想；另外，如果要让客户“上瘾”而留下来，这又需要企业持续补贴，或在产品设计上有独到之处。

第二，自然增长和营销增长。一个企业的用户增长应该分为两类，一类是自然增长，另一类是靠营销带来的增长。所以在计算CAC的时候，需要把这两类用户增长区分开。否则的话，不仅决策会受到误导，而且获取精确的数据也是困难的。理论上一个企业最低的CAC可以为零，这其实是通过客户来创造新客户。

客户终身价值（CLV）是指一个用户从第一天开始使用公司的服务，到他离开公司的那一天，一共能给公司贡献多少利润，这里的利润一般用毛利计算，而不是收入。

（三）客户终身价值的计算模型

对于客户终身价值的计算，我们更多的是借鉴了古普塔等学者在《客户终身价值》一书中的研究，在这里我们将其融入本书整个研究框架中。

首先，假设客户在和公司交易的年限里每年所产生的利润保持不变。其实，这一领域的学术研究得出了相互矛盾的结论，一些研究认为利润会随时间提高，而另一些研究则认为使用年限对利润没有什么影响。这里我们假设客户每年产生的利润不随时间变化。

其次，我们认为，尽管一个群体的流失模式（这影响到客户留存率）可能会随时间而发生系统性的变化，一些颇有影响的研究也说明这些变化可能反映客户群体的异质性，而不一定是客户忠诚随时间的动态变化。

最后，采用无限的时间维度来估计客户终身价值，而不是截至某个具体时间。有了这些假设以后，我们开始估计客户终身价值（CLV）。

客户产生的现金流如图 6-1 所示。

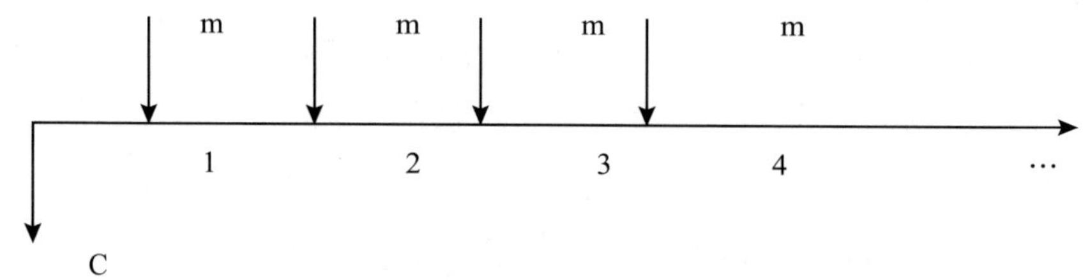

图 6-1　在无限的时间期限内画出客户终身价值

在时刻 0，公司投入获取成本 CAC。然后，在这个客户身上每年会产生利润 m 元。然而，由于今天的 100 元要远比明天的 100 元值钱，第 1 年末的利润 m 在今年初只值$\frac{m}{(1+i)}$，其中 i 是指年贴现率。

此外，公司也可能会失去这个客户。如果客户的留存率是 r，那么在第 1 年回报的预计现值就是 $m\times\frac{r}{(1+i)}$。

在第 2 年，我们又得到了利润 m 元。把这些货币按两年折算成现值为$\frac{m}{(1+i)^2}$。第 2 年公司仍然留住这个客户的概率是 r^2。例如，假设保留率是 90%，那么公司第 1 年留住客户的概率是 90%，第 2 年仍然留住这个客户的概率是 90%×90%，也就是 81%，依次类推。这样，这个客户第 2 年带来的预期回报现值是 $m\times\frac{r^2}{(1+i)^2}$。依次类推，第 3 年，第 4 年……我们就可以得到客户终身价值的计算公式：

$$CLV=\frac{mr}{(1+i)}+\frac{mr^2}{(1+i)^2}+\frac{mr^3}{(1+i)^3}+\cdots+\frac{mr^n}{(1+i)^n}$$

$$=\frac{mr}{(1+i)}(1+a+a^2+\cdots+a^n) \tag{6.22}$$

式中，
$$a=\frac{r}{(1+i)}$$
设
$$S=1+a+a^2+a^3+\cdots+a^n$$
那么，
$$aS=a+a^2+a^3+\cdots+a^n$$
由于 a 小于 1，且 a^n 是趋于 0 的，因此：
$$S-aS=1$$
或者
$$S=\frac{1}{1-a}=\frac{1}{1-\frac{r}{(1+i)}}=\frac{1+i}{1+i-r}$$

把 S 代入公式（6.22），我们可以得到：
$$CLV=m\left(\frac{r}{1+i-r}\right) \tag{6.23}$$

可以尝试着代入数值进去计算一下：如果客户留存率 r 为 80%，贴现率 i 为 10%，这个时候的边际倍数，也就是：$\frac{r}{(1+i-r)}=2.67$，如果客户利润 m 为 1 000元，那么意味着公司的单位客户获取成本 CAC 不可以超过 2 670 元，否则就是不理性地消耗资源。

（四）客户终身价值计算模型的拓展

在前面的研究中，我们已经推导出客户终身价值 CLV 的基本公式，即公式（6.23）。为了更深入地了解 CLV 这个概念，需要注意以下几个问题：

第一，当客户保留率较低时，如 50% 或者不到 50% 时，边际倍数将小于 1。例如，在贴现率为 12% 的情况下，保留率为 50% 的边际倍数是 0.81。也就是说，客户在保留率为 50% 情况下的终身价值是他产生的年度利润的 0.81 倍。小于 1 是因为客户产生的利润是在年底计算的，而我们可能在第 1 年年底之前就失去了大部分的客户。

第二，当利润在年初产生时，计算模型需要改变。客户的利润在每年的年初发生，在这种情况下，图 6－1 被调整为图 6－2。

与图 6－1 不同，图 6－2 在时刻 0 就产生了利润，因此客户终身价值公式为：
$$CLV=m+m\left(\frac{r}{1+i-r}\right)=m\left(1+\frac{r}{1+i-r}\right) \tag{6.24}$$

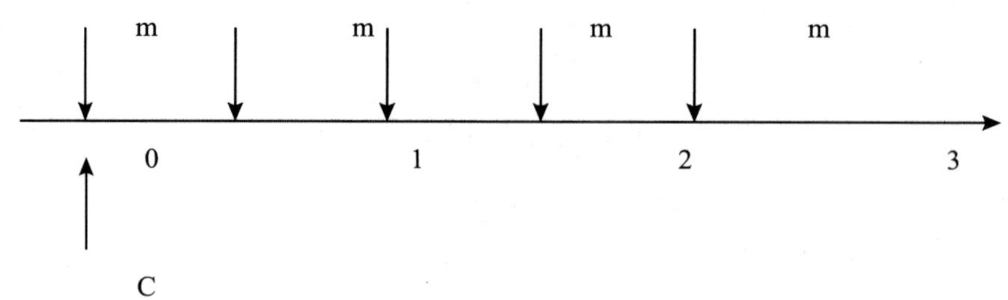

图 6-2　当利润在年初发生时的客户终身价值

显然，在公式（6.24）中，公司在投入成本的时候就从客户那里获得了利润，新的边际倍数是过去的边际倍数加 1。例如，在贴现率为 12%、保留率为 90% 的情况下，新的边际倍数将是 5.09，而不是 4.09。与此类似，保留率为 50% 的边际倍数将是 1.81，而不是 0.81。

第三，当边际利润 m 稳定增长时，模型也需要调整。基本模型假设客户的边际利润在整个交易期间保持不变。如果假设边际利润以稳定的速度 g 增长，例如，边际利润可能以每年 8% 的速度增长。对于这种情况，模型调整如下：

$$CLV=\frac{mr}{(1+i)}+\frac{m(1+g)r^2}{(1+i)^2}+\frac{m(1+g)^2r^3}{(1+i)^3}+\cdots \tag{6.25}$$

我们可以对公式（6.25）进行相类似的简化，结果如下：

$$CLV=m\left[\frac{r}{1+i-r(1+g)}\right] \tag{6.26}$$

第四，有限使用期间内的客户终身价值，其模型也需要调整。在基本模型中，按照时间无限长来估计客户终身价值，这样可以避免主观地判断使用年限。然而，如果分析时不适合按照无限的时间维度来估计客户的终身价值，而且希望估计固定的时间段，如 n 年内的客户终身价值，那么我们也可以对基本模型进行调整，例如：

$$\begin{aligned}CLV&=\frac{mr}{(1+i)}+\frac{mr^2}{(1+i)^2}+\frac{mr^3}{(1+i)^3}+\cdots+\frac{mr^n}{(1+i)^n}\\&=\frac{mr}{(1+i)}(1+a+a^2+a^3+\cdots+a^{n-1})\end{aligned} \tag{6.27}$$

我们仍然假设令 $a=\frac{r}{(1+i)}$，

设　　$S=1+a+a^2+\cdots+a^{n-1}$

那么，　　$aS=a+a^2+a^3+\cdots+a^n$

因此，

$$S - aS = 1 - a^n$$

或者

$$S = \frac{1 - a^n}{1 - a} = \frac{1 - \left(\frac{r}{1+i}\right)^n}{1 - \frac{r}{(1+i)}} = \frac{1+i}{1+i-r}\left[1 - \left(\frac{r}{1+i}\right)^n\right]$$

把 S 代入公式（6.27），我们可以得到：

$$CLV = m\left(\frac{r}{1+i-r}\right)\left[1 - \left(\frac{r}{1+i}\right)^n\right] \tag{6.28}$$

比较计算无限时间维度的公式（6.23）和计算 n 年的公式（6.28），可以发现有限期间的边际倍数需要乘以一个额外的系数，即公式（6.28）中第二个括号内的因素。显然，这个额外系数小于 1；且 n 越大，系数越趋近于 1；当 n 趋于无穷时，系数为 1，也就是在无限时间维度下假设的计算公式（6.23）。

（五）从客户终身价值到公司价值

一家公司的价值可以看作是该公司现有和潜在客户终身价值的总和。我们首先建立模型估算一个群体的客户终身价值，然后按照现有和潜在客户群体加总，最后来预测模型中的关键变量。首先来看一个简单的场景。

客户在 t 时刻的生产利润为 m，贴现率为 i，客户保留率为 100%，在这种情况下这个客户的终身价值就是这个客户为公司带来收入的现值，或者说：

$$CLV = \sum_{t=0}^{\infty} \frac{m_t}{(1+i)^t} \tag{6.29}$$

这与现金流折现的方法原理是一致的。考虑到客户保留率 r，那么可将公式调整为：

$$CLV = \sum_{t=0}^{\infty} m_t \frac{r^t}{(1+i)^t} \tag{6.30}$$

为了估计公司所有客户的终身价值，我们认识到公司在每个阶段都要获取新的客户。每个客户群体都会有表 6－1 中所示的流失和利润模式。

这样，如表 6－1 所示，公司在时刻 0 的时候以每个客户 c_0 的成本获取了 n_0 个客户。随着时间推移，公司的客户会流失，在时刻 1 的时候只剩下 $n_0 r$ 个客户，在时刻 2 的时候剩下 $n_0 r^2$ 个客户，依次类推。

这样，群体 0 在现在时刻的终身价值就是：

表 6－1　每个群体的客户数量和边际利润

时刻	群体 0		群体 1		群体 2	
	客户	边际利润	客户	边际利润	客户	边际利润
0	n_0	m_0				
1	n_0r	m_1	n_1	m_0		
2	n_0r^2	m_2	n_1r	m_1	n_2	m_0
3	n_0r^3	m_3	n_1r^2	m_2	n_2r	m_1
.	.	.	n_1r^3	m_3	n_2r^2	m_2
.	.	.	.	.	n_2r^3	m_3

$$CLV_0 = n_0 \sum_{t=0}^{\infty} m_t \frac{r^t}{(1+i)^t} - n_0 c_0 \tag{6.31}$$

群体 1 与群体 0 有着类似的模式，只是相差了一段时间，那么群体 1 在时刻 1 的终身价值就是：

$$CLV_1 = n_1 \sum_{t=1}^{\infty} m_{t-1} \frac{r^{t-1}}{(1+i)^{t-1}} - n_1 c_1 \tag{6.32}$$

这样就可以很容易将群体 1 在时刻 1 的终身价值折现为现值。群体 1 在时刻 0 的终身价值为：

$$CLV_1 = \frac{n_1}{1+i} \sum_{t=1}^{\infty} m_{t-1} \frac{r^{t-1}}{(1+i)^{t-1}} - \frac{n_1 c_1}{1+i} \tag{6.33}$$

一般来说，第 k 个群体在时刻 0 的终身价值为：

$$CLV_k = \frac{n_k}{(1+i)^k} \sum_{t=1}^{\infty} m_{t-k} \frac{r^{t-k}}{(1+i)^{t-k}} - \frac{n_k c_k}{(1+i)^k} \tag{6.34}$$

公司基于客户视角的价值就是所有这些群体的终身价值之和。

$$\text{公司价值 } V = \sum_{k=0}^{\infty} \frac{n_k}{(1+i)^k} \sum_{t=k}^{\infty} m_{t-k} \frac{r^{t-k}}{(1+i)^{t-k}} - \sum_{k=0}^{\infty} \frac{n_k c_k}{(1+i)^k} \tag{6.35}$$

公式（6.35）计算的是公司的税前价值，也即未考虑所得税的影响。

公式（6.35）中需要输入 5 个变量：客户数量和增长（n）、每个客户的边际利润（m）、客户保留率（r）、客户获取成本（c）和公司的贴现率（i）。在进行价值估算时，可以用统计模型中的历史数据来预测这些输入变量。显然，要想精确计算这个价值并不是一件容易的事情。

（六）获取客户的逻辑

客户终身价值的计算隐藏着很多困难的细节，更复杂的数学问题本书并没有提及，比如：边际利润 m 不是在年初或年末获得，而是一年中均匀获得，公式怎么衡量？再比如，利润 m 的增长速度 g 是变化的怎么计算？留存率 r 是动态的怎么计算？在现实中，问题可能还会进一步复杂。所以，对一家公司进行估值，数据收集和分析做得越细，预测也就越准确，但这只能辅助价值决策，因为最终影响公司价值的是未曾预见的不确定性。

当客户终身价值（CLV）大于客户获取成本（CAC）的时候，早期对客户的补贴才有意义。如果客户终身价值小于客户获取成本，那么商业上的补贴行为就是非理性的。不过，对客户的补贴是否合理还取决于一个重要的衡量指标，那就是投资回收期 PBP（payback period）。对于一个商业决策而言，哪怕客户终身价值大于客户获取成本，可能也会出问题。投资回收期是指企业为一个用户投入的成本能在多久收回来。回收期的长短带给企业在现金流方面的压力肯定是完全不一样的。因为 CLV 是客户“终身”价值，其计算跨度有时候可以达到 5~10 年，这时候，现金流的周转就显得特别重要了。所以，一家公司的商业模式是否最终能够实现财务价值，特别是针对当前流行的互联网的“烧钱”模式，最终都可以用 CAC、CLV 和 PBP 这三个概念加以解释。一般来说，客户终身价值最好是客户获取成本的三倍以上，项目的可行性才比较高，而投资回收期越短，融资压力则会越小，特别对于新兴的互联网企业，强调快速失败快速回来，这个时候，一次有效的 MVP 循环时间越短就越有迭代的优势，投资人也越敢于试错。然而，如果投资项目过度关注 PBP，又可能会错过一些早期需要长时间培育，但是未来可能产生稳定回报且忠诚度非常高的商业项目。

第三节　公司价值迭代：双“S”型曲线与非连续性

企业需要有一个好的商业模式设计和一个高效的价值管理系统，在市场上选择一个合适的战略定位，构建差异化的业务系统，而后精益实施，在这个过程中，公司治理结构的优化可以有益于形成“重叠共识”，进一步通过内部流程管理来改善经营业绩，最后，一个好的激励实施可以动员每一位员工将个人利益与公司利益保持一致。好的商业模式设计和高效的企业价值管理，两者一同奠定了公司价值的基础，也深刻影响了公司价值的持续增长。长期来看，公司价值的增长是一个不断迭代的过程，公司在不同阶段下的增长结构可以看作是“对数增长”和“指数增长”的组合。

一、对数增长与指数增长

公司价值的迭代与公司增长的模式，特别是销售增长的模式高度相关。在理论和实务界往往把公司增长视为一条“S”型曲线。其实，一条“S”型增长曲线可以拆分为一条指数增长曲线叠加一条对数增长曲线。

指数增长的算法是 $y = a^x$，如图 6－3 所示。

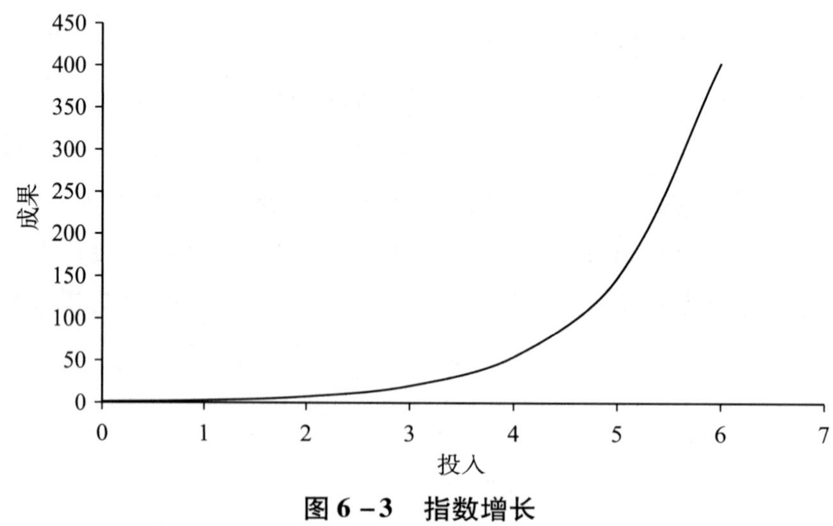

图 6－3　指数增长

对数增长的算法是：$y = \log_a X$，如图 6－4 所示。

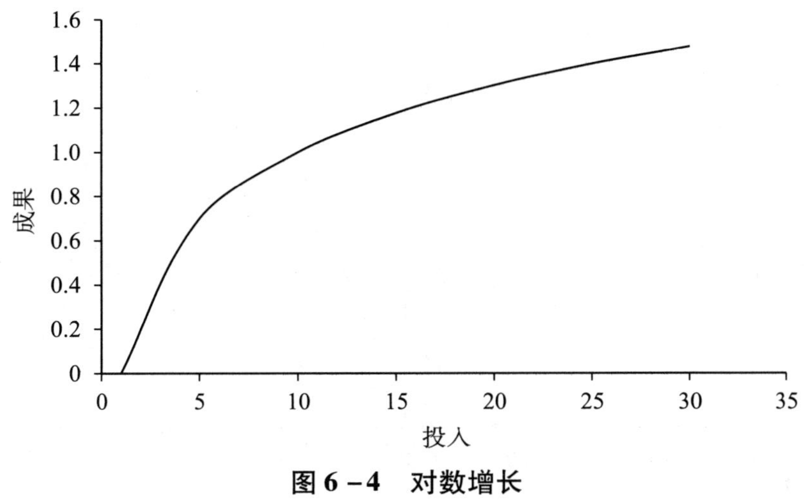

图 6－4　对数增长

可以发现，指数增长在一开始的很长时间内，几乎没有任何能看得出来的进步。一直到某个时候，好像突破了一个障碍，增长水平瞬间就显现出来了，而且增长得越来越快。然而，对数增长则是另一种状况。在对数增长的初期，进步速度非常快，到后面则越来越慢，最后几乎是一个平台期，哪怕付出极大的努力，也只能获得一点微小的突破。

商业的进步往往就是这样。最初阶段有很多困难要克服，要么就是性能不佳，要么就是成本太高，要么就是市场不接受，甚至根本看不到什么希望。慢慢摸索迭代，性能越来越好，成本越来越低，直到有一天被市场广泛接受，然后就是爆发式的增长。摩尔定律就是典型的指数增长，人类文明的进步也可以看作是指数增长，几十万年的孕育才有这几百年的突破。

二、指数增长＋对数增长＝“S”型曲线

如果将这两类增长进行结构化的组合，也即将一条指数增长曲线衔接一条对数增长曲线其实就是一条“S”型曲线，如图 6－5 所示。

一项成功的新业务起初销售收入增长缓慢，随后进入迅猛增长阶段，最后又逐渐减少。这可以看作指数增长衔接一个对数增长。企业未能进行业务重塑或模式创新，未必是因为管理者不善于修补已经决口的防波堤，而在于

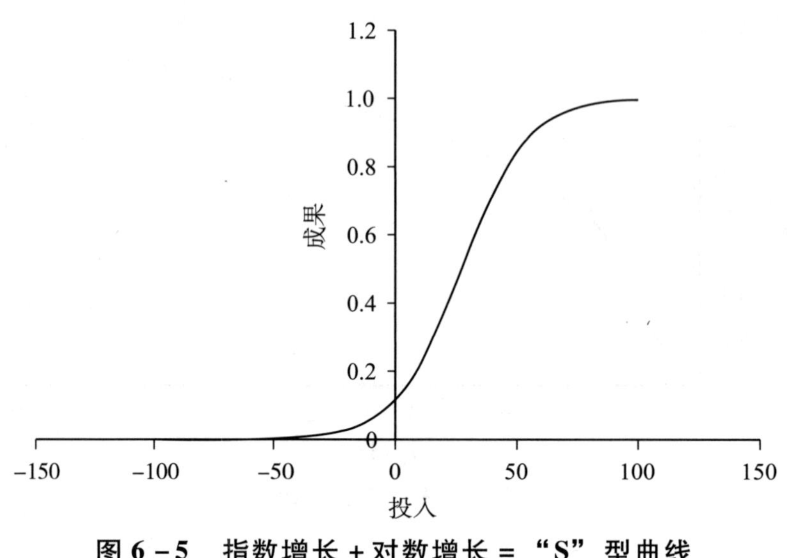

图 6－5　指数增长＋对数增长＝“S”型曲线

他们迟迟不去修缮翻新日渐腐朽的堤身。当核心业务开始停滞的时候，他们便陷入了困境。“S”型增长曲线往往也暗合着公司价值的“S”型变化趋势。这种变化趋势通常取决于企业商业模式的创新设计和价值管理的迭代完善。商业模式的陈旧和价值管理的低效都会让企业的价值增长停滞甚至倒退。

“S”型曲线的增长揭示出，在指数增长的早期需要耐得住寂寞，需要执着和信念，懂得悄无声息地野蛮生长，而在指数增长的后期和对数增长的早期都不可过于自负，水满则溢、月满则亏，企业需要在守住已有创新的基础上，积极向下一次创新投资，这时需要尽量避免路径依赖的掣肘。然而，在实践中最困难的是，企业的领导者怎么清晰判定企业的现阶段是处于对数增长的后期还是指数增长的早期，这决定了一家企业到底是应该转型还是坚持原有发展路径。指数增长最大的风险是中途退出，从而错失窗口期，而对数增长的最大风险是一路到黑，从而错过整个新时代。显然，这两者间的风险警示是相互矛盾的，这更增加了决策的不确定性。所以，遵循自发秩序的力量，借助程序理性的逻辑，更充分地获取信息，更高效地构建决策和分析流程，小规模试错，然后再大规模投放，这都将建立在企业家的认知能力上，当然，商业时运往往左右着最终的格局。

三、“S”型曲线＋“S”型曲线＝双“S”型曲线

企业总是在寻求基业长青，然而，一家企业不可以指望自身所处的这条“S”型曲线的指数增长来得及时且迅猛，而随之的对数增长又是绵绵不绝，企业必须跨越商业的不连续性。

麦肯锡公司的福斯特借用了罗杰斯在《创新的扩散》（1962）中提出的“S”型曲线，创造出了双“S”型曲线，如图6－6所示。

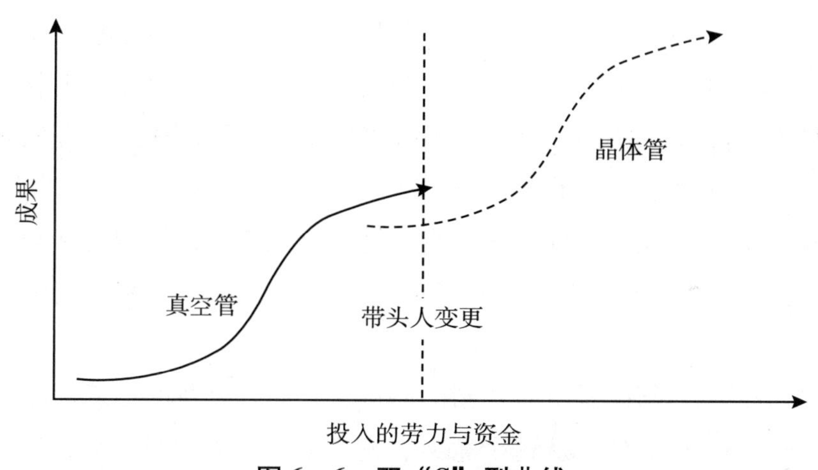

图6－6　双“S”型曲线

这里的双“S”型曲线能够很好地揭示熊彼特所说的“创新的非连续性”，它所带来的商业意义在于：没有单一项目可以长期的连续成功，对数增长的后期往往会有路径依赖的惯性，而新兴企业可能已经牵引出下一根“S”型曲线，这就是所谓的“商业的非连续性”。为此，企业的商业模式设计和价值管理体系需要跨越内部管理结构上的“不连续性”，才能更好地应对市场趋势上的“不连续性”，以避免“带头人变更”。

“S”型增长是事物发展的基本逻辑，而双“S”型曲线所蕴含的最大悬念是：如何跨越不连续性。它需要企业从一个惯性的舒适区跨越到一个不确定的边缘地带。当企业处于指数增长的早期，这考验着资本的耐心，这个时候特别需要金融资本对实业的支持，但需要企业领导者能够讲一个漂亮的金融故事以

融入资本捕获指数增长的机会；当企业处于对数增长的晚期，这又考验着资本的信心，它需要企业领导者勇敢地抛弃存量，通过小规模的试错跨越到下一根“S”型曲线。这里需要遵循精益创业的原则：先小规模试错，再大规模投放。可以说，双“S”型曲线就是一幅商业兴衰史的数学画像。

四、跨越商业的非连续性

我们对中国经济整体向好充满信心，但未来的不确定性显著增加。对企业而言，不确定就是风险，而风险的实质到底是什么？我们认为，凡是能够被预见到的，都不是风险；风险一定来自未预见到的事物。从这个意义上说，企业领导者的首要职责就是风险管理。一个普遍性的观点是，风险管理就是要预测未来，但是我们的研究指出，真正的风险管理不是去预测未来，而应该是无论未来怎么动荡都要能够生存下去。

在公司的成长过程中，真正的风险都是不可预知的，管理者必须克服面对不确定时的傲慢，学会用结构去抵挡不确定性，这里的结构首先聚焦于财务结构。

企业财务结构的稳健是所有创新的基础，然而，企业的创新活动又会显著增加企业面临的不确定性，从这个意义上说，创新活动本身就会带来风险。企业必须意识到，真正的创新往往是试错的副产品，用哈耶克的观点来解释，企业的创新往往是人类知识活动不经意的结果，它难以被一个所谓的权威来全面设计，而只能依靠一种自下而上的试错来积累。基于此，我们认为创新精神中一定要包含谦卑心。另外，用财务学的观点来看，创新投入相当于企业购买了一份或多份看涨期权，昂贵的期权费必然会给企业带来财务压力。所以，创新所消耗的企业资源需要企业意识到遵循财务稳健的意义所在。鉴于此，我们首先来分析一个企业财务结构的矩阵系统。

（一）财务结构的 2×2 矩阵

从财务的视角分析，企业的管理应该以资产负债表的管理为核心，对资产负债表管理的结果，可以从两个维度进行评价，依据权责发生制编制的利润表和依据收付实现制编制的现金流量表。企业对资产负债表结构的管理，体现了企业经营的财务思维。我们构建一个 2×2 的“资产—负债”结构矩阵进行探讨。

这里首先将企业资产负债表的左右两边简单地做一个结构区分，将资产负债表左边资产方的运作分为轻资产和重资产，将资产负债表右边负债的管理区分为高负债和低负债，如图 6－7 所示。

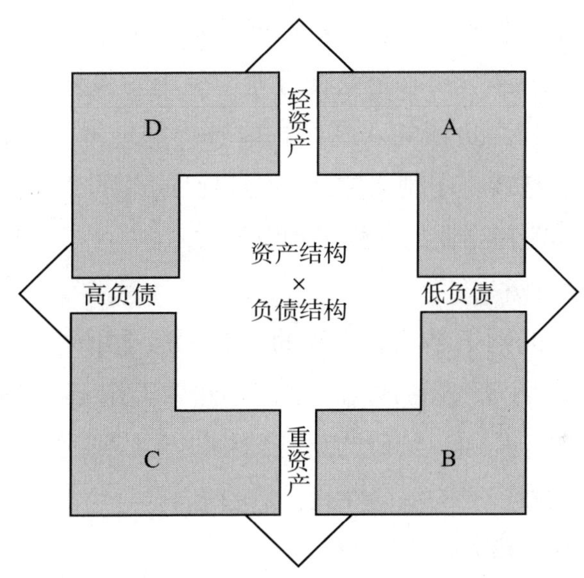

图 6－7　财务结构的 2×2 矩阵

1. A 区：轻装上阵

首先，讨论 A 区的财务结构。当企业投入一个新项目或进入一个新领域，我们建议轻装上阵。在新项目的导入期，企业需要通过合同设计为自己拟定一种进可攻退可守的商业态势，要么成功要么低成本地退出。企业的投资行为应该注重可行性研究的独立性和科学性。程序上的不慎将导致可行性研究变成一种迎合。投资也特别忌讳“一脚油门一脚刹车”，仓促上马又进退维谷。广泛的研究认为，投资活动先慢一点再快一点是一种合适的节奏。早期的可行性研究需要投入足够多的资源，甚至可以运用 AB 角制度，一个团队专门做可行性研究，一个团队专门做不可行性研究，两个团队独立行动且不要相互沟通，出具的报告最好同时递交给风险决策委员会以避免决策者先入为主的偏见出现。

2. B 区：从长计议

其次，讨论 B 区的财务结构。初期的投资一旦打开了市场，企业可以逐渐巩固自己的行业地位，这个时候资产规模可以扩大，从而快速形成市场竞争的壁垒，建立先发优势。从 A 区到 B 区的转换是随着企业市场能力的提升来推动的。如果企业对市场充满信心，可以更快地进行规模扩张，迅速形成规模效应。

3. C 区：重装上阵

再次，讨论 C 区的财务结构。如果看好行业未来发展，这个时候企业可以利用债权人的钱来加速业务的成长。重资产叠加高负债是一种高风险高回报的资产负债结构，它只适合于一家企业在行业中处于领先地位，而且行业也正处于上升趋势。重资产和高负债的双高结构能够更好地捕捉到市场的成长机会，用债权人的钱帮自己赚钱，用别人的水浇灌自己的花园，当然，这必须要求项目的投资回报率能够覆盖企业的加权平均资金成本。

4. D 区：四两拨千斤

最后，讨论 D 区的财务结构。优秀的企业一定是用无形资产在赚钱。企业的实质就是消耗有形资产，转化成无形资产，然后再用无形资产驱动有形资产，创造增量价值。重资产叠加高负债的财务结构缺乏必要的弹性，优质企业不会长期在 C 区运营，增强资产的流动性是自然趋势。

5. 再次回到 A 区：稳健的财务结构

一家真正优秀的企业最终会向 A 区趋近。因为好企业是在用无形资产赚钱，所以资产不会太重，好企业往往赢利能力很强，所以可以通过利润的留存补充资金，从而不会过度依赖银行借贷，这将使企业的有息负债水平也不会太高。我们的研究发现，好企业的财务结构往往呈现轻资产叠加低负债的特征，它将使企业拥有更多财务上的弹性空间。也正是这种财务上的稳健，才可以支撑企业在商业上的创新。因为创新就是试错的副产品，而一家企业不可能带着脆弱的财务结构来进行商业上的探索。财务上的稳健是商业创新的基础。

（二）创新结构的 2×2 矩阵

企业的创新可以概括地分为两类，一类是延续性创新，另一类是破坏性创新；企业的客户市场也可以概括地分为两类，一类是现存市场，另一类是新兴市场。

在这样一个分析逻辑下，我们又可以构建一个 2×2 的“创新—市场”结构矩阵进行探讨，如图 6-8 所示。

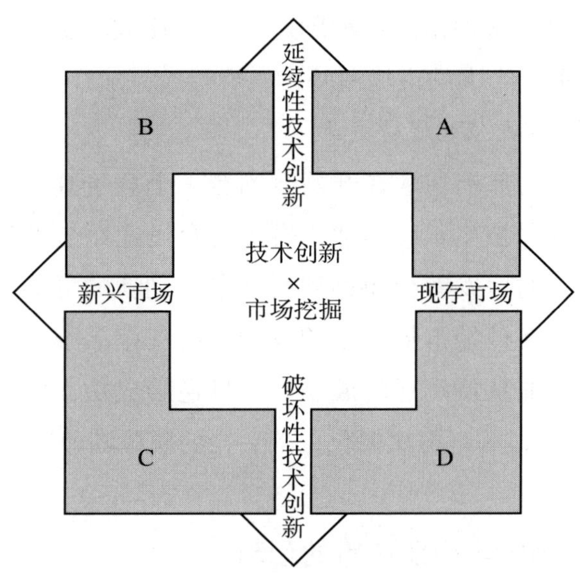

图 6-8 创新结构的 2×2 矩阵

1. A 区：先发优势与路径依赖

在位的领先企业最强大的区域就是在现存市场中通过延续性创新不断积累自己的先发优势，这包括建立标准、推出新品、创新服务体系。但是企业领导者必须注意到，先发优势的一个副产品就是路径依赖。企业一旦建立起自己的先发优势，往往在商业的惯性作用下会不断巩固自己在该领域的领先优势，在捕获高端客户的同时，也会产生性能过剩，这会给后发者提供低端切入的机会。

2. B 区：“赢者的诅咒”与回不去的低端

在位企业从 A 区向 B 区的迁徙是困难的。现存市场的优势会造成企业的商业惯性，毕竟企业现在还在赚钱，不舍得放弃现有市场，这就是“赢者的诅咒”。企业偏好稳定可预见的收益，而新兴市场在开始阶段往往盈利预期不稳定并且利润率也难以令人满意，这都会导致企业资源难以配置到新兴市场。然而，一旦边缘市场成为中心，过去领先的企业再回头就为时已晚，这就会出现“带头人更替”的情形。

3. C 区：低端切入与成本优势

“破坏性创新理论”现在已经成了一个脍炙人口的商业词汇。它的基本内涵揭示了一种普遍存在但又被长期忽略的商业现象：很多带来行业颠覆的创新往往在一开始都毫不起眼，甚至在科技上都谈不上杰出，但由于改善了某一被主流产品忽略的性能属性，从而可以将过去主流产品眼中的非客户转变成客户，进而对现存市场秩序带来冲击。这种创新产品往往成本更低，性能够用，但在低端切入之后会获取一个大的市场利基。

4. D 区：后发优势与低端逆转成功

破坏性创新带来的低端切入在开始会创造一个竞争真空，这种后发优势可以让企业悄无声息地野蛮生长。当然，模仿者会迅速跟进并填满市场空白，但从整体上而言，优秀的后发者会积累利润并带来创新的可能。他们起步于低端但不会止步于低端，在低端市场获取的成功，将支撑品牌的成长，并自发地向高端挺进，最终有可能从低端逆转成功。一旦逆袭成功，后发创新者慢慢就会从 D 区进入新的 A 区，一旦再次僵化，下一轮的颠覆随即悄然开始。

（三）财务结构的稳健与商业决策的创新

对图 6-8 的矩阵进行研究，我们会发现，具有先发优势的在位企业想从 A 区挺进 B 区，困难重重，企业组织结构的抵触、资源配置的逻辑、管理层思维的惯性等，都会阻挡这一进程，毕竟企业没有道理从一个稳定且占优的市场转战到一个不确定且看上去无利可图的领域。然而，带来破坏性产品或服务的后发企业从 C 区向 D 区的挺进却是一种自发趋势，它几乎不会遇到太多合理性的障碍。这就是市场秩序重构的内在逻辑。为了更好地分析这个状况并提出相应的应对策略，我们在图 6-8 的基础上进行了加工，如图 6-9 所示。

企业在不同区域（ABCD）间的迁徙受到的压力是完全不一样的，而一旦忽略这种迁徙的内在阻力和自发动力，企业将难以理解创新所带来颠覆的内在逻辑，与此同时，企业在区域迁徙的过程中还应该匹配相应的财务结构。

1. 从 A 区向 C 区覆盖的策略

在现存市场通过延续性创新占据先发优势的在位企业，为了避免商业上的路径依赖，需要关注市场边缘地带的创新并通过复制或并购将威胁消灭在萌芽状态。这里的复制策略可以通过先发的优势企业设立一个独立的、小的商业组织来应对不确定的新兴市场的挑战，新设的商业组织必须能成功存活于小的市场且能被这一成功所激励，这个阶段适合于用轻资产加低负债的财务结构进行

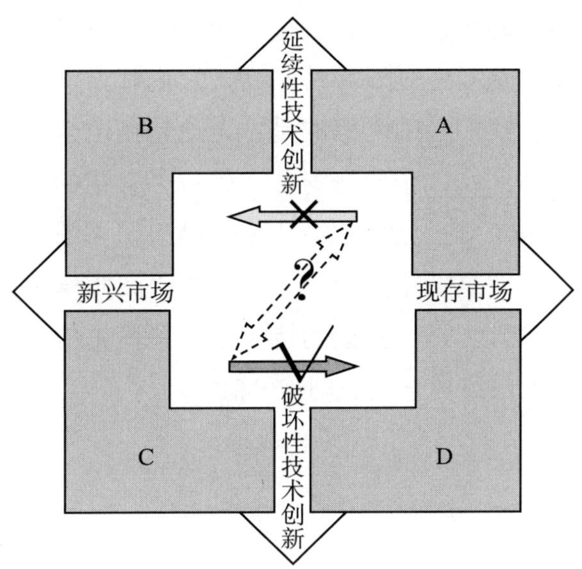

图 6-9　创新结构矩阵的区域迁徙

早期的培育，一旦前景可期，可以迅速获得 A 区在位企业的财务支持，扩张规模，快速发展。而并购则是优势企业迅速进入新兴市场的重要策略，它要求企业具备足够的资产流动性才能发挥自身强势地位的效用。当然，这两个策略可以双管齐下。与此同时，需要注意的是，这样的一个跨越过程需要企业拥有良好的商业模式创新设计的能力，以及价值管理系统的持续优化。

2. 从 C 区向 A 区渗透的策略

在新兴市场通过破坏性创新低端切入的初创企业，在早期往往也是通过权益资本来进行商业上的探索，一般不会有大量固定性资产投入，所以轻资产加低负债也是其普遍的财务结构。C 区的初创企业为了能够悄无声息的野蛮生长并最终重构市场秩序，需要关注于低成本策略，这里的低成本有以下三层意思：

它让今天贵且繁的产品或服务变得廉且简；它虽然昂贵，但可以改善与之相关的客户体验，让客户生态总成本更低、价值更高；它一开始可能昂贵，但可以推动未来整个商业活动的成本降低且（或）效率提高。一旦低成本的优势体现出来，现存结构就会遭到破坏性渗透、攻击进而被颠覆。通过以上策略分析，我们认为，“轻资产 × 低负债”的财务结构适合于初创企业，也是在位优势企业能够在延续性创新上持续投入并关注市场边缘破坏性创新的财务基础，这样的资产负债结构体现了财务上的稳健。

创新从来就是商业的终极任务，唯有创新的企业最终才会得到市场的尊重和认可。无论是延续性创新还是破坏性创新，它们都推动了市场的进步，提升了客户的价值。然而，我们必须明确的是，无论是在位企业还是初创企业，只要维持一个稳健的财务结构，企业在财务上就有了容错的资本，创新所带来的风险就不会演变成财务灾难，创新才会变成一种组织习惯。所以创新不是不成功就成仁的英勇行为，它是试错的副产品。企业的商业模式设计和价值管理系统是推动企业创新的基础力量，它们的持续改进和优化推动了企业不断地跨越市场的非连续性，从而最终提升了公司的价值。

第四节　本 章 小 结

公司的商业模式设计与价值管理系统决定了公司的价值基础。公司价值的估算可以从财务视角和客户视角来进行衡量。公司价值的持续增长需要跨越市场的非连续性，这又需要企业不断更新迭代商业模式，同时持续改进价值管理系统。

第七章
研究结论与展望

第一节 研究结论

基于“企业是对市场的一个替代”这一观点，我们将自发秩序思想从市场导入企业内部。我们认为，随着企业的复杂性和开放性的增强，“知识问题”将浮出水面。这一问题必须在一种经自然选择的有助益的抽象规则约束下，通过自发的竞争性过程才能使与企业营运相联系的“分立的知识”得到有效利用。而随着企业营运的自发秩序实质的逐渐显露并进而取代“计划秩序的虚构”，自发秩序的力量将在企业的商业模式设计和价值管理活动当中发挥出日益重要的作用，并最终促进企业经营能力的提升。与此同时，由于企业的外部环境充满不确定性，市场的秩序往往隐藏在纷繁复杂的表象之下，面对这样一种情况，具有自发秩序性质的企业商业模式设计和价值管理活动必须摒弃结果至上的评判标准而更依赖于一个稳定的程序结构。这样一个结构化的程序思想暗合着程序理性要求。它强调程序的行为机制的理性而不是仅注重结果本身。为了保证企业商业模式设计和价值管理水平有一个持续改进的机制，需要从结构理性、过程理性和行为理性三个层面改善企业决策和管理流程上的程序理性。这样一来，企业决策和管理流程中程序的独立价值就在企业营运的全过程中得以体现。

企业的商业模式设计需要洞察和遵循市场中的自发秩序。企业需要发现市场机会，找到市场定位，然后利用自身的优势构建商业模式创新设计的结构理性，也即让企业内部资源和能力的优势匹配市场的机会。在一个合适的市场细分中，差异化的商业模式设计需要遵循过程理性。在一个开放性的意见交锋过程中，不同背景的成员，不同利益的诉求，借助结构化的九要素分析框架，形成重叠共识，并进行动态管理。在商业模式设计的实施环节，企业需要遵循精益实施的基本原则，这体现了行为理性的特征。

企业的价值管理需要洞察和遵循价值创造的自发秩序力量。企业价值管理的结构理性需要将剩余控制权和剩余索取权更好地匹配拟替代完全合同。价值管理的过程理性则需要构建一个良好的公司流程系统，用组织的学习和成长支撑高效的内部管理流程，获得更好的客户满意度，从而带来更好的财务业绩。价值管理的行为理性需要尽可能地做到使决策执行人行为的外部性内部化，同时针对其行为后果给予选择性激励，这样所带来的经济后果是，一旦决策执行人的行动偏离了行为理性的范畴，其预期的损失将超过预期的收益。

最终，公司的商业模式设计与价值管理系统决定了公司的价值基础。公司价值的估算可以从财务视角和客户视角来进行衡量。公司价值的持续增长需要跨越市场的非连续性，这需要企业不断更新迭代商业模式，同时持续改进企业的价值管理系统。

第二节 研究展望

本书的研究侧重于公司商业模式设计和价值管理体系构建的理论探讨。我们将经济学中的自发秩序原理与法学中的程序理性思想相结合，努力将自下而上的自发秩序逻辑与自上而下的程序理性逻辑相统一，并应用于公司的商业模式设计与价值管理系统的构建。我们创造性地提出商业模式的设计需要遵循市场的自发秩序，同时构建了商业模式设计的程序理性架构，与此同时，我们也创造性地提出企业的价值管理也需要遵循类似的自发秩序力量，因为企业不过是市场交易的一个替代，其价值管理在遵循企业内部价值创造的自发秩序力量的同时，也需要构建价值管理的程序理性架构，只有这样，公司价值的持续增长才有更坚实的基础。

商业模式设计和价值管理体系的理论思想构建是艰苦的，我们希望这一理论框架的建立可以为未来进一步的深入研究奠定一个良好的基础。未来的研究可以从以下几个方面向前推进：

第一，自下而上的自发秩序原理和自上而下的程序理性架构可以进一步在理论上进行深化；

第二，基于自发秩序和程序理性的商业模式设计可以通过案例研究进行实证检验；

第三，基于自发秩序和程序理性的价值管理系统可以通过案例研究进行实证检验；

第四，基于自发秩序和程序理性的商业模式设计可以通过问卷调查进行实证检验；

第五，基于自发秩序和程序理性的价值管理系统可以通过问卷调查进行实证检验；

第六，基于自发秩序和程序理性的商业模式设计与价值管理系统的研究结论可以应用于企业实践，以改善企业在商业模式设计和价值管理系统构建中的无序和随意，从而提升企业的价值创造能力。

本书将商业模式设计与企业价值管理这两个范畴的问题纳入一个统一的研究框架当中，这是本书的创新之处，但是限于时间和积累，内容有很多不成熟和值得商榷的个人理解，这些都是未来需要进一步完善的地方。

参考文献

[1] 埃巴著、凌晓东译：《经济增加值——如何为股东创造财富》，中信出版社 2001 年版。

[2] 埃德蒙·惠特克：《经济思想流派》，上海人民出版社 1974 年版。

[3] 埃里克·莱斯著，吴彤译：《精益创业》，中信出版社 2012 年版。

[4] 安索夫著，邵冲译：《战略管理》，机械工业出版社 2010 年版。

[5] 巴纳德：《经理人员的职能》，中国社会科学出版社 1997 年版。

[6] 巴泽尔著，费方域等译：《产权的经济分析》，上海三联书店、上海人民出版社 2002 年版。

[7] 彼得·德鲁克：《公司的概念：珍藏版》，机械工业出版社 2009 年版。

[8] 彼得·圣吉：《第五项修炼：学习型组织的艺术与实践》，中信出版社 2009 年版。

[9] 彼得斯著，席玉苹译：《追求卓越》，中信出版社 2006 年版。

[10] 伯利、米恩斯：《现代股份公司与私有财产》，台湾银行出版社 1981 年版。

[11] 曹钢：《产权经济学新论：产权效用、形式、配置》，经济科学出版社 2001 年版。

[12] 陈正林、王彧：《供应链集成影响上市公司财务绩效的实证研究》，载于《会计研究》2014 年第 2 期。

[13] 陈志斌、韩飞畴：《基于价值创造的现金流管理》，载于《会计研究》2002 年第 12 期。

[14] 池国华、王志、杨金：《EVA 考核提升了企业价值吗？——来自中国国有上市公司的经验证据》，载于《会计研究》2013 年第 11 期。

[15] 池国华、邹威：《基于 EVA 的价值管理会计整合框架——一种系统性与针对性视角的探索》，载于《会计研究》2015 年第 12 期。

［16］崔楠、江彦若：《商业模式设计与战略导向匹配性对业务绩效的影响》，载于《商业经济与管理》2013 年第 12 期。

［17］戴德明、王艳：《经济增加值与传统指标的价值相关性研究》，载于《会计论坛》2004 年第 1 期。

［18］邓风波：《国有上市公司高管激励与公司绩效的实证研究》，华南理工大学硕士学位论文，2008 年。

［19］杜胜利：《构建 CFO 管理模型及其价值管理系统框架》，载于《会计研究》2004 年第 6 期。

［20］费方域：《企业的产权分析》，上海三联书店、上海人民出版社 1998 年版。

［21］付玲：《行为价值管理》，中国海洋大学硕士学位论文，2005 年。

［22］盖瑞·J. 米勒著，王勇译，韦森总译校：《管理困境——科层的政治经济学》，上海三联书店、上海人民出版社 2002 年版。

［23］高晨：《主观业绩评价研究：述评与启示》，载于《会计研究》2008 年第 4 期。

［24］高海涛：《我国企业非市场行为的规范和治理研究》，华中科技大学硕士学位论文，2006 年。

［25］葛家澍、陈少华：《改进企业财务报告研究》，中国财政经济出版社 2002 年版。

［26］宫敬才：《哈耶克的“自生自发秩序”概念》，载于《河北大学学报》1999 年第 6 期。

［27］郭京京、陈琦：《电子商务商业模式设计对企业绩效的影响机制研究》，载于《管理工程学报》2014 年第 3 期。

［28］哈耶克著，邓正来译：《个人主义与经济秩序》，生活·读书·新知三联书店 2003 年版。

［29］哈耶克著，邓正来译：《哈耶克论文集》，首都经济贸易大学出版社 2001 年版。

［30］哈耶克著，邓正来译：《自由秩序原理》，生活·读书·新知三联书店 1997 年版。

［31］哈耶克著，贾湛等译：《个人主义与经济秩序》，北京经济学院出版社

1991 年版。

［32］哈耶克著，刘戟锋等译：《致命的自负》，东方出版社 1991 年版。

［33］汉弗莱·H. 纳什著，宋小明译：《未来会计——一种规范的增值会计方法》，中国财政经济出版社 2001 年版。

［34］赫伯特·西蒙：《管理行为：管理组织决策过程的研究》，北京经济学院出版社 1988 年版。

［35］贺力：《企业信息系统用户界面对于用户行为的影响分析》，南京理工大学硕士学位论文，2010 年。

［36］贺密柱：《由程序理性与结果理性的分析看会计信息真实性的价值取向》，载于《内蒙古财经学院学报》2006 年第 4 期。

［37］贺欣：《内部控制有效性与财务报告可靠性研究》，武汉大学出版社 2007 年版。

［38］贺欣：《内部控制有效性与财务报告可靠性相关性研究——内部控制需求观》，上海财经大学学位论文，2005 年。

［39］何威风、刘巍：《EVA 业绩评价与企业风险承担 EVA 业绩评价与企业风险承担》，载于《中国软科学》2017 年第 6 期。

［40］亨利·明茨伯格：《管理工作的本质》，浙江人民出版社 2017 年版。

［41］胡保亮：《商业模式创新、技术创新与企业绩效关系：基于创业板上市企业的实证研究》，载于《科技进步与对策》2012 年第 3 期。

［42］胡保亮：《物联网商业模式的多维构思及其对企业绩效的影响研究》，载于《科技进步与对策》2015 年第 3 期。

［43］蒋义宏：《会计信息真实之程序理性观与结果理性观》，载于《财经研究》2003 年第 6 期。

［44］金伟灿、勒妮·莫博涅著，吉宓译：《蓝海战略》，商务印书馆 2016 年版。

［45］卡布罗：《产业组织导论》，人民邮电出版社 2002 年版。

［46］卡普兰和诺顿著，刘俊勇、孙薇译：《平衡计分卡——化战略为行动》，广东经济出版社 2004 年版。

［47］卡普兰和诺顿著，刘俊勇、孙薇译：《战略地图——化无形资产为有形成果》，广东经济出版社 2005 年版。

［48］克里斯坦森著，胡建桥译：《创新者的窘境》，中信出版社 2010 年版。

［49］李东、王翔、张晓玲：《基于规则的商业模式研究——功能、结构与构建方法》，载于《中国工业经济》2010 年第 9 期。

［50］李鸿磊、柳谊生：《商业模式理论发展及价值研究述评》，载于《经济管理》2016 年第 9 期。

［51］李巍：《制造型企业商业模式创新与经营绩效关系研究——基于双元能力的视角》，载于《科技进步与对策》2016 年第 5 期。

［52］李笑南：《基于 EVA 的企业价值管理体系研究》，载于《管理世界》2016 年第 8 期。

［53］梁敏、刘文红：《基于平衡计分卡的企业重灾捐赠绩效评价研究》，载于《科研管理》2018 年第 S1 期。

［54］刘刚、王丹、李佳：《高管团队异质性、商业模式创新与企业绩效》，载于《经济与管理研究》2017 年第 4 期。

［55］刘金林：《创业板上市企业成长性评价指标体系的设计及实证研究》，载于《宏观经济研究》2011 年第 8 期。

［56］刘圻：《从程序理性的角度看会计信息失真的分类治理》，载于《中南财经政法大学学报》2005 年第 3 期。

［57］刘圻：《论企业财务秩序的自发性》，载于《管理世界》2008 年第 7 期。

［58］刘圻：《企业财务秩序提升的程序理性框架研究》，载于《管理世界》2009 年第 11 期。

［59］刘圻、王春芳：《企业价值管理模式研究述评》，载于《中南财经政法大学学报》2011 年第 5 期。

［60］刘淑莲：《企业价值评估与价值创造战略研究——两种价值模式与六大驱动因素》，载于《会计研究》2004 年第 6 期。

［61］刘亚军、陈进：《创业者网络能力、商业模式创新与创业绩效关系的实证研究》，载于《科技管理研究》2016 年第 18 期。

［62］刘运国、陈国菲：《BSC 与 EVA 相结合的企业绩效评价研究——基于 GP 企业集团的案例分析》，载于《会计研究》2007 年第 9 期。

［63］卢静、胡运权：《会计信息与管理者报酬激励契约研究综述》，载于

《会计研究》2007 年第 1 期。

[64] 罗纳德·H. 科斯等:《财产权利与制度变迁》，上海人民出版社 2014 年版。

[65] 骆瑞刚:《商业银行内审的程序理性与结果理性》，载于《金融会计》2004 年第 6 期。

[66] 马乃云、候倩:《基于平衡计分卡方法的财政科技经费绩效评价体系研究》，载于《中国软科学》2016 年第 10 期。

[67] 潘飞、郭秀娟:《作业预算研究》，载于《会计研究》2004 年第 11 期。

[68] 庞长伟、李垣、段光:《整合能力与企业绩效: 商业模式创新的中介作用》，载于《管理科学》2015 年第 5 期。

[69] 史蒂夫·布兰克著，七印部落译:《四步创业法》，华中科技大学出版社 2012 年版。

[70] 苏尼尔·古普塔:《客户终身价值》，电子工业出版社 2015 年版。

[71] 孙婧、沈志渔:《商业模式设计与企业竞争优势——竞争战略与冗余资源的调节作用》，载于《经济与管理研究》2015 年第 11 期。

[72] 汤谷良、林长泉:《打造 VBM 框架下的价值型财务管理模式》，载于《会计研究》2003 年第 12 期。

[73] 王化成、刘俊勇:《企业价值评价模式研究——兼论中国企业价值评价模式选择》，载于《管理世界》2004 年第 4 期。

[74] 王琴:《基于价值网络重构的企业商业模式创新》，载于《中国工业经济》2011 年第 1 期。

[75] 王翔、李东、后士香:《商业模式结构耦合对企业绩效的影响的实证研究》，载于《科研管理》2015 年第 7 期。

[76] 王晓辉:《关于商业模式基本概念的辨析》，载于《中国管理信息化》(综合版) 2006 年第 11 期。

[77] 王彦明、张翼飞:《金融危机下国家干预经济的反思与对策》，载于《广东社会科学》2010 年第 3 期。

[78] 魏炜、朱武祥、林桂平: 《基于利益相关者交易结构的商业模式理论》，载于《管理世界》2012 年第 12 期。

[79] 吴敬琏:《现代公司与企业改革》，天津人民出版社 1994 年版。

[80] 吴隽、张建琦、刘衡：《新颖型商业模式创新与企业绩效：效果推理与因果推理的调节作用》，载于《科学学与科学技术管理》2016 年第 4 期。

[81] 吴联生：《会计领域秩序与会计信息规则性失真》，载于《经济研究》2002 年第 4 期。

[82] 吴晓波、赵子溢：《商业模式创新的前因问题：研究综述与展望》，载于《外国经济与管理》2017 年第 1 期。

[83] 谢德仁：《会计信息的真实性与会计规则制定权合约安排》，载于《经济研究》2000 年第 5 期。

[84] 熊彼特著，王永胜译：《经济发展理论》，立信会计出版社 2017 年版。

[85] 姚明明、吴晓波、石涌江：《技术追赶视角下商业模式设计与技术创新战略的匹配——一个多案例研究》，载于《管理世界》2014 年第 10 期。

[86] 原磊：《国外商业模式理论研究评介》，载于《外国经济与管理》2007 年第 10 期。

[87] 约翰·伊特韦尔、皮特·纽曼、默里·米尔盖特等：《新帕尔格雷夫经济学大辞典》，经济科学出版社 1996 年版。

[88] 张敬伟、王迎军：《基于价值三角形逻辑的商业模式概念模型研究》，载于《外国经济与管理》2010 年第 6 期。

[89] 张丽霞：《从程序理性角度思考注册会计师审计责任》，载于《财会月刊》2009 年第 2 期。

[90] 张迅：《基于因子分析的中国电信运营业绩效评估研究》，北京邮电大学硕士学位论文，2011 年。

[91] 张维迎：《所有制、治理结构与委托代理关系》，载于《经济研究》1996 年第 9 期。

[92] 郑红亮、王凤彬：《中国公司治理结构改革研究：一个理论综述》，载于《管理世界》2000 年第 3 期。

[93] 朱振伟、金占明：《战略决策过程中决策、决策团队与程序理性的实证研究》，载于《南开管理评论》2010 年第 1 期。

[94] Abate J., Grant J. and Stewart Ⅲ G. B. The EVA style of investing. *Journal of Portfolio Management*, 2004: 61 – 72.

[95] Afuah A., Tucci C. L.. *Internet Business Models and Strategies*, 2001.

[96] Alkhafaji, Abbass F.. *A Stakeholder Approach to Corporate Governance: Managing in a Dynamic Environment*. New York: Quorum Books, 1989.

[97] Amit R., Zott C.. Value Creation in E-business. *Strategic Management Journal*, 2001, 22 (6-7): 493-520.

[98] Amit R., Zott C.. Creating Value through Business Model Innovation. *Sloan Managemcnt Review*, 2012, 53 (3): 126-135.

[99] Andrew S. Grove. *The Sixth Force Affecting a Business: How to Exploit the Crisis Point the Challenge Every Company and Career*. New York Publish, 1986.

[100] Ansoff. *Corporate Strategy*. New York: McGraw Hill, 1965.

[101] Aoki, Masahiko. *What are Institutions? How should We Approach Them?* Working Paper, 2000-2015, Stanford University, 2000.

[102] Axelrod R., Cohen M. D.. *Harnessing Complexity*. New York: Free Press, 2000.

[103] Berle, Adolph, Gardiner Means. *The Modern Corporation Andprivate Property*. New York: Macmillan, 1932: 156-174.

[104] Biddle G., Bowen R., Wallace. Evidence on EVA. *Journal of Applied Corporate Finance*, 1999: 69-79.

[105] Chandrasekaran D., Tellis G. J.. *Diffusion of Innovation*. Wiley International Encyclopedia of Marketing, 1995.

[106] Chen S., Dodd J. L.. Operating Income, Residual Income and EVA: Which Metric Is More Value Relevant. *Journal of Managerial Issues*, 2001: 65-86.

[107] Copeland Tom, Tim Koller, Jack Murrin. *Valuation: Measuring and Managing the Value of Companies*. New York: Wiley, 1994: 34-37.

[108] Dodd J. L., Chen S.. EVA: A New Panacea? *Business and Economic Review*, 1996: 26-28.

[109] Erik Ottosson, Fredrik Weissenrieder. Cash Value Added—A New Method for Measuring Financial Performance. *Gothenburg Studies in Financial Economics*, 1996: 1-10.

[110] Fatemi A., Desai A. S., Katz J. P.. Wealth Creation and Managerial Pay: MVA and EVA as Determinants of Executive Compensation. *Global Finance Jour-*

nal, 2003: 159 - 179.

[111] Fredrik Weissenrieder. Value Based Management: Economic Value Added or Cash Value Added? *Gothenburg Studies in Financial Economics*, 1998: 1 - 42.

[112] Grant J. L.. Foundations of EVA for Investment Managers. *The Journal of Portfolio Management*, 1996: 41 - 48.

[113] Hamel G.. *Leading the Revolution.* New York: Harvard Business School Press, 2000: 59 - 114.

[114] Itami H., Nishino K.. Killing Two Birds with One Stone Profit for Now and Learning for the Future. *Long Range Planning*, 2010, 43 (2/3): 364 - 369.

[115] John D., Martin J.. William Petty. *Vased Based Management: The corporate Response to the Shareholder Revolution.* Oxford University Press, Inc. 2000: 319 - 322.

[116] Kaplan R. S., Norton D. P.. The Balanced Scorecard-measures that Drive Performance. *Harvard Business Review.* January - February, 1992: 71 - 79.

[117] Kaplan R. S., Norton D. P.. Putting the Balanced Scorecard to Work. *Harvard Business Review.* September - October, 1993: 134 - 147.

[118] Kaplan R. S., Norton D. P.. Using the Balanced Scorecard as a Strategic Management System. *Harvard Business Review.* January - February, 1996: 75 - 85.

[119] Müller, Julian Marius, Buliga O., Voigt K. I.. Fortune Favors the Prepared: How SMEs Approach Business Model Innovations in Industry 4. 0. *Technological Forecasting and Social Change*, 2018: 2 - 17.

[120] Oliver Hart. *Firms, Contracts, and Financial Structure.* Oxford University Press, 1995.

[121] Osterwalder A.. *The Business Model Ontologya Propositon in a Design Science Approch.* Lausanne: Universite de Lausanne, 2004.

[122] Patatoukas P. N.. Customer - Base Concentration: Implications for Firm Performance and Capital Markets. *Accounting Review*, 2012, 87 (2): 363 - 392.

[123] Rappoport, Alfred. *Creating Shareholder Value: A Guide for Managers and Investors.* New York: The Free Press, 1986: 135 - 147.

[124] Rappoport, Alfred. New Thinking on How to Link Executive Pay with Per-

formance. *Harvard Business Review*, 1999: 91 – 101.

[125] Stern, J. M., Stewart G. B. Ⅲ, Chew D. H.. The EVA Financial Management System. *Journal of Applied Corporate Finance*, 1995: 32 – 46.

[126] Stern, J. M., Stewart G. B.. Ⅲ, Chew D.. H.. EVA: An Integrated Financial Management System. *European Financial Management*, 1996: 23 – 45.

[127] Stewart G., Bennet Ⅲ. *The Quest for Value.* New York: Harper Business, 1991: 56 – 78.

[128] Tirole J.. Corporate Governance. *Econometrica*, 2001, 69 (1): 1 – 35.

[129] Uyemura D. G., Kantor C. C., Pettit J. M.. EVA for Banks: Value Creation, Risk Management, and Profitability Management. *Journal of Applied Corporate Finance*, 1996: 94 – 113.

[130] Visnjic I., Wiengarten F., Neely A.. Only the Brave: Product Innovation, Service Business Model Innovation, and Their Impact on Performance. *Journal of Product Innovation Management*, 2016, 33 (1): 36 – 52.

[131] Wallace J. S.. Adopting Residual Income-based Compensation Plans: Do You Get What You Pay for? *Journal of Accounting and Economics*, 1996: 275 – 300.

[132] Wallace J. S.. EVA Financial Systems: Management Perspectives. *Advances in Management Accounting*, 1998: 1 – 15.

[133] Zimmerman J.. EVA and Divisional Performance Measurement: Capturing Synergies and other Issues. *Journal of Applied Corporate Finance*, 1997: 98 – 109.